Highway to Hamburg

Texte zu den Themen Musik, Freundschaft und mehr

Herausgegeben
von Ulrike Schuldes

Bestell-Nr. 540-20   ISBN 978-3-619-05420-6
© 2016 Mildenberger Verlag GmbH, 77652 Offenburg
www.mildenberger-verlag.de
E-Mail: info@mildenberger-verlag.de

Auflage 5   4   3   2   1
Jahr   2018 2017 2016

Das Werk und seine Teile sind urheberrechtlich geschützt. Jede Nutzung in anderen als den gesetzlich zugelassenen Fällen bedarf der vorherigen schriftlichen Einwilligung des Verlages. Hinweis zu §52a UrhG: Weder das Werk noch seine Teile dürfen ohne eine solche Einwilligung eingescannt und in ein Netzwerk eingestellt werden. Dies gilt auch für Intranets von Schulen und sonstigen Bildungseinrichtungen.

Bezugsmöglichkeiten
Alle Titel des Mildenberger Verlags erhalten Sie unter: www.mildenberger-verlag.de oder im Buchhandel. Jede Buchhandlung kann alle Titel direkt über den Mildenberger Verlag beziehen. Ausnahmen kann es bei Titeln mit Lösungen geben: Hinweise hierzu finden Sie in unserem aktuellen Gesamtprogramm.

Umschlag- und Innenillustrationen: Achim Schulte, 44263 Dortmund

Konzept und Lektorat: Ulrike Schuldes, 88212 Ravensburg
Lesetraining: Dr. Birgitta Reddig-Korn, Beate Weiß
Typografie & Herstellung: Julia Walch, 65812 Bad Soden
Druck und Bindung: Kern GmbH, 66450 Bexbach
Gedruckt auf umweltfreundlichen Papieren

Inhaltsverzeichnis

Highway to Hamburg von Jochen Till _____ 5

Texte zu den Themen Musik, Freundschaft und mehr

Cartoon _____ 73
Pop-Frischlinge So entdecken Plattenfirmen neue Stars ___ 74
Demobänder Der erste Weg zum Durchbruch als Musiker __ 75
Hier spielt die Musik Klavier üben, Geige üben,
Gitarre üben _____ 76
Ein Instrument für jeden _____ 78
„Ganz viel Krach" Tim Tom gründete eine
Heavy-Metal-Band _____ 82
Produzenten Die Macher hinter den Stars _____ 83
Charts Die amtliche Liste der Stars _____ 84
Top 100 Alben _____ 85
So 'ne Musik Songtext von Deichkind _____ 86
Die Lieder-Schmiede So entstehen Popsongs _____ 88
Lieder-Basteln Die Zutaten für einen Popsong _____ 89
Deutschsprachige Alben in den Charts seit 1970 _____ 90
Casting Die Generation der Medien-Superstars _____ 91
Julia Dendl bei „The Voice Kids" _____ 92
Der Traum von der eigenen Band Schüler als Musiker ___ 97
Ist Musik machen … Jungssache oder Mädchensache? ___ 100

Die Fantastischen Vier Fragebogen _____ 102

Ludwig van Beethoven _____ 106

„Mein Papa ist berühmt" Jez ist Sohn eines
bekannten Musikers _____ 109

Wir brauchen Bass! Was macht eigentlich ein DJ? ____ 112

In der Hit-Fabrik _____ 116

GEMA-Geld aus dem Radio So verdienen Popmusiker dazu _ 119

Quellenverzeichnis _____ 120

Lesetraining _____ 121

Jochen Till
Highway to Hamburg

Mit Bildern von Achim Schulte

Jochen Till wurde 1966 in Frankfurt am Main geboren. In der Schule war er nicht besonders fleißig und träumte von einer Karriere als Rockstar, bis ihn irgendwann eine Muse küsste, die ihn zum Schreiben inspirierte. Mehr auf www.jochentill.de

1

„Hast du alles?"
„Ja, Oma."
„Einen Apfel? Hast du einen Apfel eingesteckt?
Du weißt, du brauchst Vitamine."
„Ja, Oma."
„Deine Turnschuhe? Hast du deine Turnschuhe?
Deine Mutter hat gesagt, dass du heute Sport hast."
„Ja, Oma. Aber das heißt heute nicht mehr Turnschuhe.
Das sind Sneakers."
„Ja, ja, ich weiß. Ihr immer mit eurer Jugendsprache."
„Das ist keine Jugendsprache. Das ist Englisch, Oma."
„Müsste es dann nicht eigentlich Turnshoes heißen?
Ach, egal. Weißt du denn,
wo du hinmusst?"
„Ja, Oma."
„Soll ich nicht doch lieber
mitkommen?"
„NEIN! AUF GAR
KEINEN FALL! Ich
krieg das schon allein
hin. Gar kein Problem,
Oma."

Das hätte mir gerade noch gefehlt. Mein erster Tag an der neuen Schule und meine Oma bringt mich an der Hand bis zum Klassenzimmer. Peinlicher kann ein erster Eindruck wohl kaum ausfallen.

„Na gut", sagt Oma und parkt am Straßenrand, direkt vor dem Schulgebäude. „Ich bin dann um eins wieder hier. Hab einen schönen Tag. Und sei nett zu allen, dann findest du auch ganz schnell neue Freunde."

Ja, genau. Als ob das so einfach wäre. Da ist man kurz mal nett zu allen und schon hat man einen Haufen neuer Freunde. Oma hat echt keine Ahnung. Das ist doch viel schwieriger. Neue Freunde findet man nicht einfach so, nur weil man nett ist. So was muss sich entwickeln. Das kann Wochen dauern. Manchmal sogar Monate.
Und eigentlich will ich ja gar keine neuen Freunde.
Ich will viel lieber meine alten Freunde zurück.
Die waren nämlich super. Sind sie immer noch.
Nur leider achthundert Kilometer weit weg.

„Ja, Oma", sage ich und öffne die Tür der alten Klapperkiste. Nein, damit meine ich natürlich nicht meine Oma, sondern ihr Auto. Dieser Schrotthaufen ist mindestens doppelt so alt wie ich. Das soll mal ein GOLF gewesen sein. Wahrscheinlich vor der letzten Eiszeit. Das Ding quietscht und scheppert sogar, wenn es nur an der Ampel steht.

Oberpeinlich. Hoffentlich sieht mich keiner aus meiner neuen Klasse, wenn ich gleich aussteige.
„Also, bis eins dann", sage ich und setze einen Fuß auf den Gehweg.
„Moment mal", sagt Oma und zieht mich zurück. „Du hast etwas vergessen. Ohne einen dicken Schmatzer von deiner Oma kommst du hier nicht raus."
Sie drückt mir einen fetten Kuss auf die Wange. Draußen laufen gerade ein paar Mädchen in meinem Alter vorbei und fangen an zu kichern. Na super. Wenn ich Pech habe, sind die auch noch in meiner Klasse.
„Ich muss jetzt los, Oma!", sage ich und steige schnell aus. „Bis heute Mittag! Tschüs!"
Ich laufe ein Stück den Gehweg entlang in Richtung

Pausenhof. Aber Oma kennt keine Gnade. Plötzlich taucht ihre Schrottkarre wieder neben mir auf. Oma kurbelt das Beifahrerfenster herunter.
„Heute Mittag gibt's Pfannkuchen!", ruft sie mir zu.
„Die magst du doch so gern! In Bärchenform! Mit Nutella! Extra für dich!"
Unglaublich, diese Frau. Fehlt nur noch, dass sie nachher in den Unterricht kommt und Babyfotos von mir herumzeigt. Als ob es nicht schon schwer genug für mich wäre, mitten im Schuljahr an eine neue Schule zu kommen. Heute wird es sicher noch jede Menge Gelegenheiten geben, bei denen ich mich selbst blamieren kann. Dafür brauche ich meine Oma ganz bestimmt nicht. Auf die Pfannkuchen freue ich mich allerdings jetzt schon. Omas Pfannkuchen sind einfach die besten, da geht nichts drüber. Aber zuerst muss ich diesen Vormittag überleben.

Kurzfassung

Peter wird von seiner Oma zur Schule gebracht. Es ist sein erster Tag an der neuen Schule. Ihm ist es peinlich, dass seine Oma ein uraltes Auto fährt. Er denkt, dass er sich an diesem Tag noch häufiger lächerlich machen wird.

2

Als ich das Schulgebäude betrete, versuche ich den Weg zu meinem Klassenzimmer zu finden. Ich war zwar vor einer Woche schon einmal mit Mama hier, aber da war alles leer. Jetzt wuseln überall Jungs und Mädchen herum. Und ich könnte wetten, sie starren mich alle an.

Nicht offensichtlich, aber aus den Augenwinkeln. Was ist denn das für einer?, denken sie. Den habe ich ja noch nie gesehen. Ein Fremder. Wo der wohl herkommt? Sieht seltsam aus. Bestimmt ein Alien. Genau so fühlt sich das gerade an. Ich bin ein Alien auf einem fremden Planeten. Ein Alien, der den richtigen Weg nicht findet.

Mist, wo war noch mal diese verflixte Tür, die zu meinem Klassenraum im zweiten Stock führt? Oder war es der dritte? Na super, jetzt weiß ich gar nichts mehr. Da vorne rechts, oder? Vielleicht links?
Ich entscheide mich für rechts, weil da mehr Leute entlanggehen. Ich steige die Treppe hinauf und werfe einen unauffälligen Blick auf den Zettel, den mir Mama heute Morgen in die Hosentasche gesteckt hat.
„Damit du nicht vergisst, wo du hinmusst", hat sie gesagt. „Du bist doch in letzter Zeit so vergesslich."
Na, das ist ja kein Wunder. Wenn man von einem Tag auf den anderen von München nach Hamburg verfrachtet wird, kann man schon mal vergesslich werden.
Anfangs wusste ich zum Beispiel beim Aufwachen nicht, wo ich bin. Es hat immer eine Weile gedauert, bis mir eingefallen ist, dass wir jetzt bei Oma wohnen. Und warum wohnen wir jetzt bei Oma? Weil mein Vater ein Vollidiot ist. Er hat Mama betrogen. Mit ihrer besten Freundin. Oder besser gesagt mit ihrer ehemals besten Freundin. Und deswegen habe ich jetzt auch nur noch ehemals beste Freunde.
Nein, das stimmt natürlich nicht. Max und Kai werden immer meine besten Freunde bleiben. Doch was hat man von besten Freunden, wenn man sie nicht mehr sieht?

Am liebsten wäre ich in München geblieben. Aber das konnte ich Mama nicht antun. Und darum irre ich jetzt als Alien ohne einen einzigen Freund durch dieses unbekannte Schulgebäude. Auf der Suche nach einem Klassenraum, den ich eigentlich gar nicht finden will. Was steht auf dem Zettel? Raum 217. Aha. Das wird wohl im zweiten Stock sein. Ich verlasse das Treppenhaus auf der zweiten Etage. Der Gang ist ziemlich eng, ich muss mich zwischen etlichen Leuten durchzwängen, die vor ihren Klassenzimmern warten. Als ich endlich bei Raum 217 ankomme, stehen dort schon einige meiner neuen Mitschüler. Ich halte mich im Hintergrund und lehne mich etwas abseits an die Wand.

„Wir hätten gewinnen können!", sagt ein Junge,
der ungefähr drei Meter von mir entfernt steht. „Dieser
blöde Schiri! Das war ganz klar kein Elfmeter!"
„War es auch nicht", stimmt ihm ein anderer Junge zu.
„Aber das ist eben der Bayern-Bonus. Ist doch immer
das Gleiche. Im Zweifel wird für die Bayern gepfiffen."
„Ja, Scheiß-Bayern", sagt der erste Junge. „Für das ganze
Glück, das die immer haben, müssten sie eigentlich
einmal zwangsabsteigen. Mindestens."
Alles klar. Das wären dann schon mal zwei, die ich
als mögliche neue Freunde auf jeden Fall abhaken kann.
Das Spiel gestern habe ich auch gesehen. Wenn das
kein eindeutiger Elfmeter war, will ich nicht mehr
ordentliches Mitglied des FC Bayern München sein.
Und das bin ich schon seit kurz nach meiner Geburt,
also über elf Jahre lang.

Ein weiterer Grund, warum ich München höchst ungern verlassen habe. In meiner Klasse war fast jeder Bayern-Fan, in meinem Freundeskreis sowieso. Wir waren auch ziemlich oft zusammen im Stadion. Der Vater von Max ist ein hohes Tier bei BMW. Er hat uns manchmal mit in die Firmenloge genommen, sogar zu Champions-League-Spielen.

Aber damit kann ich hier ganz sicher keinen Eindruck schinden. Hier sind wahrscheinlich alle HSV-Fans. Oder St. Pauli. Es wird wohl das Beste sein, wenn ich mich erst mal nicht als Bayern-Fan oute. Sonst verscherze ich es mir mit allen Jungs gleichzeitig.

Kurzfassung

Für Peter ist es gar nicht so leicht, das neue Klassenzimmer zu finden. Davor stehen einige Jungs, die sich über Fußball unterhalten. Sie schimpfen über Bayern München – Peters Lieblingsverein.

Peter ist von München nach Hamburg umgezogen. Sein Vater hat seine Mutter betrogen. Deshalb wohnt Peter jetzt mit seiner Mutter bei der Hamburger Oma.

3

Oh, da kommt ein Lehrer und schließt die Tür auf.
Ich lasse erst alle anderen reingehen und folge ihnen dann.
Natürlich hat hier jeder schon seinen Platz. Ich bleibe vorne stehen und warte, bis sich alle gesetzt haben.
Der Lehrer sieht mich fragend an.
„Ach ja", sagt er. „Du musst der Neue sein."
Ich nicke. Er kommt auf mich zu und schüttelt meine Hand.
„Herzlich willkommen in der 6c", sagt er und wendet sich an die Klasse. „Leute, hört mal bitte kurz her! Das ist euer neuer Mitschüler … Wie war noch mal dein Name? Ach, am besten, du stellst dich gleich selbst vor."
Er schiebt mich vor sich, sodass ich allein vor der gesamten Klasse stehe.
Mist, verdammter. Muss das sein? Ich spreche nicht gern vor so vielen Leuten. Das macht mich immer nervös.
Und nervös bin ich heute sowieso schon. Also werde ich supernervös. Und wenn ich supernervös bin, funktioniert mein Gehirn nicht mehr richtig. Dann vergesse ich die einfachsten Sachen. Meinen Namen zum Beispiel.
„Wir warten", sagt der Lehrer.

Ich auch. Darauf, dass mir mein Name wieder einfällt. Oder dass das Schulgebäude auf einmal explodiert.

„Äh … ja … ich … ähm …", stammle ich los. „Also, mein Name ist Heide Petermann. Ich bin elf Jahre alt und komme aus …"

Moment mal. Wieso fangen denn plötzlich alle an zu lachen? Ich habe doch nur meinen Namen gesagt. Oder etwa nicht?

„Hallo, Heide!", ruft mir ein Junge aus der ersten Reihe zu.
„Wie geht's, Heide?", ruft ein anderer.
„Du siehst aus wie ein Junge, Heide Petermann!", ruft ein Dritter.

Oh nein. Das habe ich nicht wirklich gesagt, oder?
Ich meine, wie blöd muss man sein, wenn man seinen eigenen Namen nicht richtig sagen kann?

Alle lachen und kichern immer mehr. Selbst der Lehrer hat ein breites Grinsen im Gesicht. Jetzt wäre genau der richtige Zeitpunkt für die Explosion des Schulgebäudes. Leider tut es mir den Gefallen nicht. Stattdessen explodiert mein Gesicht in ein sattes Rot.
„So, ist mal gut jetzt", sagt der Lehrer zu der kichernden Meute. „Als ob ihr euch noch nie versprochen hättet. Das ist doch jedem schon mal passiert."
Er wendet sich an mich.
„Fang doch einfach noch mal von vorne an", sagt er und zwinkert mir zu. „Schlimmer kann's nicht mehr werden."
„Okay", sage ich und setze ein gequältes Lächeln auf.
„Also, mein Name ist Peter Heidemann. Ich bin elf Jahre alt und komme aus München."
„Oh Gott, ein Bazi", stöhnt einer von hinten.
„Alles klar, Heide", sagt der aus der ersten Reihe. „Setz dich doch. Da hinten bei den Mädels ist noch was frei."
Das Lachen wird wieder lauter.
„Mach dir nichts draus", sagt der Lehrer. „Das ist jetzt einen Tag lang lustig, dann beruhigen sie sich wieder."
Das glaube ich nicht. Diesen Spitznamen werde ich nie wieder los. Oh Mann. So was bringe nur ich fertig. Gerade mal zwei Minuten in der neuen Klasse und schon habe ich den Trottel-Stempel auf der Stirn.

„Da drüben neben Niklas ist noch ein Platz frei", sagt der Lehrer. Er zeigt auf einen Stuhl in der Fensterreihe. „Und ihr hört jetzt auf zu lachen und holt eure Bücher raus. Ihr seid nämlich nicht zum Spaß hier."
Doch, das sind sie. Alle außer mir zumindest. Schlimmer konnte mein erster Auftritt nicht ausfallen. Ich hasse mein Leben. Heide will nach Hause.

Kurzfassung

Peter betritt das Klassenzimmer. Der Lehrer bittet ihn, sich vor der Klasse vorzustellen. Vor lauter Aufregung verspricht er sich und alle lachen. Peter ist unglücklich.

4

„Und, wie war's in der Schule?"
Das war ja klar. Meine Mutter stellt die vorhersehbarste
aller Fragen. Aber ich habe keine Lust, darauf
zu antworten, und verziehe nur mein Gesicht.
„Oje, so schlimm?", fragt meine Mutter. „Was ist denn
passiert?"
„Ich kriege auch nichts aus
ihm raus", sagt meine
Oma. Sie steht neben

dem Herd und sieht mit
gerunzelter Stirn zu mir
herüber. „So ist er schon,

seit ich ihn abgeholt habe. Und er hat nur zwei Pfannkuchen gegessen."

„Nur zwei Pfannkuchen?", wiederholt meine Mutter besorgt. „Das klingt allerdings heftig. Was ist denn los, Spätzchen? Waren die Kinder etwa nicht nett zu dir? Hast du keine neuen Freunde gefunden?"

Ja, genau. So einfach ist das. Da geht man mal kurz in die Schule und kommt mit einer Handvoll neuer Freunde zurück. Vor allem, wenn man sich selbst aus Versehen Heide nennt. Und dann auch noch völlig gedankenlos sein knallrotes Bayern-München-Mäppchen auspackt und mitten auf den Tisch legt. Ich bin so ein Volltrottel. Da nimmt man sich fünf Minuten vorher noch vor, sich nicht als Bayern-Fan zu outen – und dann das. Da hätte ich mir auch gleich ein Bayern-Trikot anziehen können.

„Hey, guckt mal!", hat der Typ neben mir gerufen und mein Mäppchen in die Luft gestreckt. „Die Heide steht auf die Scheiß-Bayern!"

Was dann auf mich einprasselte, waren nicht gerade Jubelrufe. Eher Papierkügelchen, kleine Saftpackungen und ähnlicher Müll. Und von dem Pfeifkonzert fiepen mir jetzt noch die Ohren. Da war sogar ein Mädchen dabei. Die hat ihren Kaugummi nach mir geworfen. Und das wurde im Lauf des Vormittags natürlich nicht besser. Am Ende hatten wir noch Sport.
Die Jungs wollten mich nicht in die Umkleide lassen.
„Nee, Heide, hier bist du falsch", hat der eine gesagt. „Du musst nach gegenüber, zu den Mädchen."
Und dann hat er die Tür zugehalten. Sehr witzig. Der Typ heißt Andi. Scheint irgendwie der Anführer in der Klasse zu sein. Hat zumindest die größte Klappe und alle lachen sich schlapp, wenn er einen Witz reißt. Vor allem, wenn er auf meine Kosten geht.
„Hallo? Erde an Peter!", sagt meine Mutter. „Ich habe dich was gefragt!"

„Nein", brumme ich. „Keine neuen Freunde. Ich brauch auch keine."

Zumindest nicht solche, die versuchen, mir absichtlich mit dem Ball in die Eier zu schießen. Das hat dieser Andi nämlich gemacht. Da kann er sich hinterher noch tausendmal gespielt aufrichtig entschuldigen. Wenn das keine volle Absicht war, lasse ich mich freiwillig in Heide Petermann umtaufen.

Zuerst habe ich mich ja total gefreut, als der Sportlehrer gesagt hat, dass wir heute Fußball spielen. Ich bin nämlich ein ziemlich guter Kicker. Bei uns in München war ich in der Schulmannschaft. Letztes Jahr bin ich fast Torschützenkönig geworden. Und Mannschaftskapitän war ich auch. Aber was machen diese Idioten hier? Sie wählen mich als Letzten in die Mannschaft und stellen mich ins Tor. Ins Tor! Mich!

Das ist ungefähr so, als würde man Messi zum Torwart machen. Die totale Verschwendung! Ich bin einer, der Tore macht und nicht verhindert!

„Bei uns muss jeder Neue erst mal ins Tor", haben sie gesagt. „Und Mädchen sowieso. Sei froh, dass du überhaupt mitspielen darfst, Heide."

Diese Entscheidung haben sie dann schnell bereut.

Ich bin einfach nicht gut im Tor. Ich wollte ja alles halten und habe mir echt Mühe gegeben. Aber nach einer Viertelstunde lag meine Mannschaft schon 1:4 zurück.

Und dann kam dieser Andi allein auf mich zu gedribbelt. Niemand hat ihn angegriffen. Sie haben ihn einfach laufen lassen.

„Halt dich fest, Heide", hat er mir zugerufen. Er hat mich dreckig angegrinst und dann voll abgezogen.

Mit der Spitze. Direkt auf meine Körpermitte. Und er hätte auch getroffen. Aber ich habe zum Glück meine Hände schnell genug runtergekriegt.
„Oh, das tut mir aber leid!", hat Andi dann gesagt. „Das war keine Absicht! Der ist mir abgerutscht. Alles okay bei dir?"
Von wegen abgerutscht. Dieser miese Lügner. Ich hab aber nichts gesagt. Das hätte sowieso nichts gebracht. Das Spiel haben wir natürlich verloren, 2:5. Und die Schuld dafür haben sie mir gegeben. Das durfte ich mir für den Rest des Tages anhören. Nein, solche Freunde brauche ich wirklich nicht. Solche Freunde braucht kein Mensch.
„Ach, Spätzchen", sagt Mama und legt mir den Arm um die Schulter. „Nimm dir das doch nicht so zu Herzen. Der erste Tag ist immer schwer. Morgen sieht die Welt schon ganz anders aus."
Sie streichelt mir tröstend über den Kopf. Das glaub ich nicht. Gar nichts wird morgen anders aussehen. Es sei denn, das Schulgebäude explodiert doch noch. Aber das wird sicher nicht passieren. Weil nämlich nie etwas explodiert, wenn ich es mir wünsche.
„Dafür habe ich sehr gute Nachrichten!", sagt Mama strahlend. „Dreimal dürft ihr raten."

„Wir ziehen zurück nach München?", frage ich brummend, weil ich ganz genau weiß, dass sie das nicht meint.
„Es hat also geklappt?", fragt Oma.
„Ja!", jubelt Mama. „Ich habe den Job. Ich kann sogar morgen schon anfangen."
„Yippie", sage ich wenig begeistert.
„Ach komm, jetzt freu dich doch mal, Spätzchen!", sagt Mama. „Weißt du, was das für uns bedeutet?"
„Ja", brumme ich unglücklich. „Wir bleiben hier und ziehen nicht zurück nach München."
„Das bedeutet, dass wir uns jetzt eine Wohnung suchen können", sagt Mama. „Du kriegst wieder ein eigenes Zimmer! Und wir müssen Oma nicht länger auf die Nerven gehen."

Sie grinst in Omas Richtung.

„Halleluja!", sagt Oma und grinst zurück. „Ich dachte schon, ihr haut nie wieder ab."

„Freu dich nicht zu früh", erwidert Mama. „Wir kommen dich ganz oft besuchen."

„Na, das will ich doch hoffen", sagt Oma. Sie drückt Mama an sich. „Aber bitte nur, wenn unser kleiner Miesepeter bessere Laune hat."

„Das kriegen wir hin", sagt Mama. „Und ich weiß auch schon wie: Gruppenkuscheln!"

Die beiden kommen auf mich zu.

„Nein!", rufe ich entsetzt. „Bloß kein Gruppenkuscheln!"

Aber da ist es schon zu spät. Mama und Oma umklammern mich fest mit allen vier Armen und bombardieren mich kichernd mit Küssen.

„Igitt! Ihr seid eklig!", sage ich und muss doch dabei lachen. „Hört sofort auf damit! Davon kriege ich ganz bestimmt keine gute Laune. Da gehe ich ja lieber in die Schule zurück."

Was natürlich nicht stimmt. Ich lasse mich lieber noch stundenlang von Mama und Oma abknutschen, als wieder in diese blöde Schule zu gehen. Die zwei mögen mich wenigstens. In der Schule mag mich niemand. Und die Hoffnung, dass sich daran etwas ändert, ist sehr gering. Seufz.

Kurzfassung

Der erste Schultag war für Peter enttäuschend. Beim Fußball im Sportunterricht wurde er nur ins Tor gestellt und die anderen haben über ihn gelacht. Aber seine Mutter hat einen Job in Hamburg gefunden. Jetzt können sie eine eigene Wohnung suchen und müssen nicht länger bei der Oma bleiben.

5

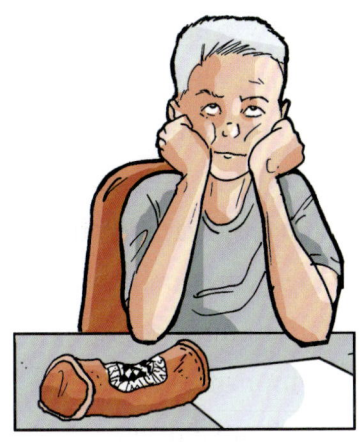

„Wer kann mir sagen, welches die primären Geschlechtsmerkmale

des weiblichen Körpers sind?", fragt Herr Lüders, unser Biolehrer.
Die Heide. Die kennt sich damit aus. Ist ja selbst ein Mädchen … „Die Heide", sagt Andi. „Die kennt sich als Mädchen da aus."
Mist, knapp daneben. Aber von der Aussage her lag ich richtig. Das gibt einen halben Punkt. Damit bin ich bei 8,5 Punkten. Ich habe es immerhin schon achtmal geschafft, seine blöden Sprüche haargenau vorherzusagen. Nicht schlecht für eine Woche, würde ich sagen. Eine Woche, in der sonst nicht viel passiert ist. Zumindest nicht, was das Thema „neue Freunde finden" betrifft.

Ansonsten habe ich mich hier einigermaßen eingelebt. Ich finde mein Klassenzimmer inzwischen ohne Probleme. Und obwohl ich Angst hatte, im Hamburger Unterricht vielleicht nicht gut mitzukommen, fällt mir das gar nicht schwer. In den meisten Fächern bin ich auf dem gleichen Wissensstand, in manchen sogar schon einen Schritt weiter. Um meine Noten muss ich mir also keine Sorgen machen. Im Gegenteil. Da ich hier offenbar keine Freunde finde, werde ich wahrscheinlich aus lauter Langeweile zum Oberstreber. Und dann habe ich erst recht keine Freunde. Denn Streber kann von Natur aus niemand leiden – es ist ein Teufelskreis.
Dieser Trottel Andi würde sich bestimmt darüber freuen. Dann könnte er noch mehr Witze über mich machen. Und ich würde sie alle vorhersehen.
„Oh Mann, Andi", stöhnt eine weibliche Stimme aus den hinteren Reihen. „Werden dir deine dämlichen Sprüche nicht langsam selbst langweilig? Dieser Heide-Witz wird auch nicht besser, wenn du ihn zehnmal am Tag bringst."
Genau, das sehe ich auch so. Moment mal. Hat mich da eben jemand verteidigt? Zumindest ein bisschen? Was ist denn jetzt kaputt? Ist etwa jemand aus dieser Klasse auf meiner Seite? Oder einfach nur genervt von den schlechten Witzen dieses Idioten. Egal. Irgendjemand hat

etwas gegen den heiligen Andi gesagt. Das hat sich sonst noch niemand getraut, solange ich hier bin. Schon gar kein Mädchen. Ich drehe mich um, um zu sehen, wer das gesagt hat.

„Ach, die Anne", sagt Andi da spöttisch. „War ja klar, dass du zu Heide hältst. Ist schließlich deine beste Freundin. Trefft ihr euch nachher in der Pause wieder auf der Mädchentoilette?"

„Klar", sagt Anne. „Das ist nämlich der einzige Ort, wo man deine lahmen Witze nicht hört."

Gut gekontert. Ich glaube, ich mag diese Anne. Nur blöd, dass sie ein Mädchen ist. Ich meine, ich hab nichts gegen Mädchen. Die sind schon okay. Ich kann nur nichts mit ihnen anfangen. Mädchen haben irgendwie andere Interessen als Jungs. Ich wüsste einfach nicht, was ich mit ihnen unternehmen soll.

Mit Jungs ist das viel einfacher. Da kann man Fußball spielen oder Playstation zocken oder einfach nur Blödsinn machen. Das geht mit Mädchen alles nicht. Ich freue mich sehr, dass hier endlich mal jemand etwas gegen Andi sagt. Aber die Lösung meines Problems ist diese Anne leider nicht. Ein Mädchen als neuer Freund zählt einfach nicht.

„Nur weil du meine Witze nicht verstehst, heißt das noch lange nicht, dass sie lahm sind", sagt Andi.

„Nur weil ein Idiot etwas sagt, ist es noch lange nicht lustig", erwidert Anne.

„Okay, das reicht jetzt, ihr zwei", fährt der Lehrer dazwischen. „Ihr könnt von mir aus gern nachher in der Pause klären, wer witzig ist und wer nicht. Jetzt beschäftigen wir uns erst mal mit dem witzigen, äh, Verzeihung, weiblichen Körper."

„Heides Körper ist beides!", ruft Andi. „Witzig UND weiblich!"

Das Gelächter hält sich in Grenzen. Bis auf seine treuesten Untertanen lacht eigentlich niemand. Und nicht nur Anne verdreht genervt die Augen, ein paar andere Mädchen auch. Sollte den blöden Heide-Witzen etwa allmählich die Luft ausgehen? Zumindest bei den Mädchen scheinen sie nicht mehr zu funktionieren. Dann dauert es bei den Jungs vielleicht auch nicht mehr lange. Danke, Anne!

Kurzfassung

Peter ist schon seit einer Woche in der neuen Klasse. Er hat immer noch keine Freunde gefunden. Der fiese Andi macht ständig Witze auf seine Kosten. Doch Anne findet das nicht mehr lustig. Schade, dass sie ein Mädchen ist und Peter deshalb nichts mit ihr anfangen kann.

„Als Hausaufgabe lest ihr bitte noch einmal das Kapitel über die Gründung Roms", sagt die Geschichtslehrerin. „Ich frage das in der nächsten Stunde ab."
Es klingelt. Endlich. Wieder ein Tag geschafft. Ich packe schnell meine Sachen zusammen. Nichts wie raus hier. Ein kurzer Blick aus dem Fenster. Sehr gut, es hat aufgehört zu

regnen. Ich bin heute zum ersten Mal mit dem Rad zur Schule gefahren. Das fand Oma überhaupt nicht toll. „Das ist viel zu gefährlich", hat sie heute Morgen gesagt. „Der Verkehr hier in der Gegend ist mörderisch. Neulich erst hat es vorne an der Kreuzung einen Radfahrer fast erwischt." Das stimmt. Da war ich sogar dabei. Oma hat ihn beinahe über den Haufen gefahren, weil sie beim Abbiegen nicht richtig aufgepasst hat. Der Verkehr in dieser Gegend ist weniger mörderisch, wenn Oma nicht daran teilnimmt. Somit tue ich der Bevölkerung also einen Gefallen, wenn ich mit dem Rad zur Schule fahre.

Das sieht Mama zum Glück ganz ähnlich und hat es ohne große Diskussionen erlaubt. Mit dem Rad bin ich sogar

drei Minuten schneller in der Schule. Und fünf Minuten schneller wieder zu Hause. Ich komme eben lieber schnell nach Hause als in die Schule.
Ich hieve meinen Rucksack auf die Schultern und greife nach meiner ... Sporttasche? Verflixt, wo ist die denn? Ich habe sie doch neben mich auf den Boden gestellt. Oder etwa nicht? Mist. Ich muss sie in der Umkleide vergessen haben. Weil ich es so eilig hatte, da rauszukommen. Weil ich so genervt von Andis blöden Sprüchen war.
„Das war doch nur Glück, Heide", hat er gesagt. „Für ein Mädchen gar nicht so schlecht. Aber noch mal schaffst du so einen Treffer nicht."
Und ob ich den noch mal schaffen würde. Jederzeit sogar. Wir haben in Sport wieder Fußball gespielt. Und ich wurde wieder als Letzter in die Mannschaft gewählt und ins Tor gestellt. Aber nicht mit mir, habe ich mir gedacht. Diesmal zeige ich euch, warum ich nicht ins Tor gehöre, sondern in den Sturm.
Nach einem sehr schlechten Rückpass habe ich mir den Ball am Sechzehner geschnappt und bin einfach losgestürmt. Hab den Ersten umdribbelt, den Zweiten umdribbelt, und schon war ich an der Mittellinie. Da stand Andi und hat ziemlich blöd geguckt, als ich ihn mit einem

Übersteiger lässig ausgespielt habe. Er ist mir hinterhergesprintet. Hat versucht, mir von hinten in die Beine zu grätschen. Aber er war viel zu langsam. Dann habe ich noch vier andere Jungs dumm aussehen lassen und den Ball genau in den Winkel gehämmert.

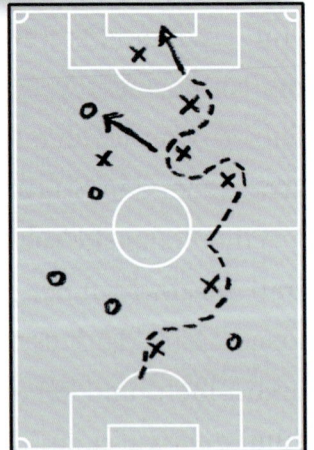

Selbst die aus meiner Mannschaft waren so perplex, dass sie vergessen haben zu jubeln. Der Erste, der etwas gesagt hat, war der Sportlehrer.

„Das war sehr beeindruckend, Peter", hat er gesagt. „Aber vergiss bitte nicht: Fußball ist ein Mannschaftssport. Du hättest eigentlich Simon anspielen müssen. Der stand völlig frei und hatte die bessere Einschussmöglichkeit."

Die bessere Einschussmöglichkeit? Ich hab das Ding so perfekt wie möglich in den Winkel geschossen. Besser kann man einen Ball nicht im Tor versenken.

„Denk bitte das nächste Mal auch an deine Mitspieler", hat er noch hinzugefügt. „Niemand mag einen ballverliebten Angeber."

Und dann musste ich wieder ins Tor. Der spinnt ja wohl, dieser komische Sportlehrer. Okay, natürlich stand Simon frei. Und natürlich wollte ich ein bisschen angeben. Aber doch nur, weil die anderen Jungs mich völlig unterschätzt haben. Was sollte ich denn sonst machen, um ein bisschen Anerkennung in der Klasse zu kriegen? Und die habe ich gekriegt. Zumindest von einigen Jungs, die mir hinterher bewundernd auf die Schulter geklopft haben.

„Das war Weltklasse", hat Simon zum Beispiel gesagt. „Absolut", hat Nils ihm zugestimmt. „Das nächste Mal spielst du auf jeden Fall im Sturm."

Nur Andi kam natürlich wieder mit seinen blöden Sprüchen. Immerhin haben nur noch wenige Jungs darüber gelacht. Trotzdem bin ich so schnell wie möglich aus der Umkleide abgehauen. Und habe meine Tasche dort liegen lassen.
Die muss ich dann wohl jetzt holen. Hoffentlich ist die Turnhalle noch offen.

Kurzfassung

Peter zeigt im Sportunterricht, was er kann. Er schießt im Alleingang ein Tor. Auch wenn der Lehrer sein angeberisches Verhalten tadelt – Peter bekommt Anerkennung von einigen Mitschülern.

7

„In welcher Kabine, hast du gesagt?"
„Da vorne links", antworte ich. „In der Jungskabine."
Glück gehabt. Der Hausmeister wollte gerade abschließen, als ich zur Turnhalle kam.
„Na gut, dann schauen wir mal", sagt er und ich folge ihm.
Als wir an der Umkleide angekommen sind, schließt er auf und wir gehen hinein. Ich entdecke meine Tasche sofort. Sie liegt unter der Bank.
„Ah, da ist sie ja", sage ich erleichtert.
Ich greife nach der Tasche. Aber der Hausmeister schnappt sie mir weg.
„Moment mal", sagt er. „Woher weiß ich denn, dass das auch wirklich deine Tasche ist?"
Wie bitte? Was soll denn diese blöde Frage?
„Äh … na ja", antworte ich verwirrt. „Es liegt doch nur eine Tasche hier rum. Welche soll denn sonst meine sein?"
„Ja, aber woher weiß ich, dass diese Tasche auch wirklich dir gehört?"
„Versteh ich nicht. Wem soll sie denn gehören?"
„Na, irgendjemand anderem. Wir hatten in letzter Zeit einige Diebstähle hier an der Schule."

Ach so. Er denkt, dass ich die Tasche klauen will. Wie bescheuert ist das denn?

„Sie glauben, dass ich ein Dieb bin?", frage ich fassungslos.

„Könnte doch sein", sagt er und betrachtet mich misstrauisch.

„Aber wäre das nicht unglaublich dumm von mir?", sage ich. „Wenn ich etwas klauen will, gehe ich doch nicht zum Hausmeister und lasse ihn dabei zugucken. Wenn dann am nächsten Tag jemand zu Ihnen kommt und sagt, dass seine Tasche geklaut wurde, dann wüssten Sie doch sofort, dass ich es war."

„Na ja, aber ich weiß doch nicht, wie dumm du bist", erwidert er. „Es gibt viele dumme Diebe. Ich habe neulich ein Video auf YouTube gesehen, da ging es um die dümmsten Diebe der Welt. Und es gab einen, der …"

„Natürlich gibt es auch dumme Diebe", unterbreche ich ihn. „Aber selbst der dümmste Dieb der Welt würde doch nicht ausgerechnet mithilfe des Hausmeisters eine Sporttasche klauen, oder?"

„Kommt drauf an, was drin ist."

„Na, was soll da schon drin sein? Eine Million Euro in kleinen Scheinen? Da sind verschwitzte Sportklamotten und ein Paar stinkende Sneakers drin."

„Das mit den stinkenden Sneakers stimmt schon mal", sagt er und rümpft angewidert die Nase. „Welche Marke?"
„Adidas."
„Welche Farbe?"
„Schwarz mit weißen Streifen."
„Stimmt auch", sagt der Hausmeister. „Aber hier ist noch etwas drin. Etwas ganz Spezielles."
Echt? Was denn? Ich denke angestrengt nach. Vielleicht meint er mein verschwitztes T-Shirt und meine kurze Sporthose. Oder die feuchten Socken? Die riechen aber höchstens speziell. Ich ziehe ratlos meine Schultern nach oben.

Er greift in die Tasche und holt etwas Rotes heraus.
„Mein Trikot!", sage ich schnell.
Genau. Das steckt da noch aus München drin. Ich hatte nur vor dem Umzug vergessen, es rauszunehmen.
„Da steht sogar mein Name auf dem Rücken", sage ich. „Heidemann. Nummer 99."
Der Hausmeister zieht das Trikot komplett aus der Tasche und breitet es vor sich aus.
„Du bist Bayern-Fan?", fragt er und sieht mich argwöhnisch an. Da hilft wohl kein Leugnen. Seufz. Dann mache ich mich eben mal wieder unbeliebt.

„Ja", sage ich. „Ich komme aus München."
„Warum sagst du das denn nicht gleich?"
Der Hausmeister setzt ein breites Grinsen auf.
Er rollt den linken Ärmel seines Kittels nach oben und streckt mir seinen Arm entgegen. Auf der Innenseite seines

Unterarms hat er ein dickes Tattoo mit dem Bayern-Wappen. Darunter steht in fetten Buchstaben „MIA SAN MIA!".
Na super. Da finde ich endlich einen Bayern-Fan an dieser Schule und dann ist es der Hausmeister. Der ist nun wirklich zu alt, um mein neuer bester Freund zu werden. Aber ich freue mich trotzdem darüber.
„Super!", sage ich und zeige ihm ein Daumen-hoch.
„Ich komme zwar nicht aus München, aber ich war schon immer Bayern-Fan", sagt der Hausmeister. „Und wir Bayern-Fans müssen zusammenhalten. Wenn ich das gewusst hätte, hätte ich dir die Tasche natürlich gleich gegeben. Anhänger von Bayern München sind ganz sicher keine Diebe. Wir klauen höchstens auswärts Punkte."
Er lacht laut über seinen eigenen Witz und gibt mir die Tasche.
„Danke", sage ich, ebenfalls lachend. „Hauptsache, am Samstag klaut uns niemand die Punkte. Ich muss dann los. Meine Oma wartet mit dem Essen auf mich. Tschüs."
Ich drehe mich um und mache mich auf den Weg.
„Pfüati!", ruft er mir hinterher, aber so richtig bayrisch klingt das nicht. „Und keine Sorge! Am Samstag gibt es ein klares 4:0!"

> **Kurzfassung**
>
> Peter hat seinen Sportbeutel in der Turnhalle vergessen. Der Hausmeister sperrt ihm die Umkleidekabine auf. Er ist wie Peter Bayern-München-Fan – doch leider zu alt, um sein neuer Freund zu werden.

Ich flitze am Schulgebäude entlang zu den Fahrradständern, als ich plötzlich etwas höre. Musik. Ziemlich laute Musik. Aber es hört sich nicht so an, als hätte da jemand seine Anlage laut aufgedreht. Das klingt eher nach richtigen Instrumenten, also Livemusik. Irgendetwas Rockiges. Es kommt mir bekannt vor, aber ich kann es nicht einordnen. Ich bleibe stehen. Wo kommt das denn her? Offenbar aus der Schule. Einige Meter von mir entfernt sehe ich ein gekipptes Fenster im Erdgeschoss. Ich gehe langsam darauf zu. Die Musik wird lauter. Jetzt weiß ich, was das ist. Das ist AC/DC. Der Song heißt „Highway to Hell". Wir haben alles von AC/DC zu Hause. Nein, falsch,

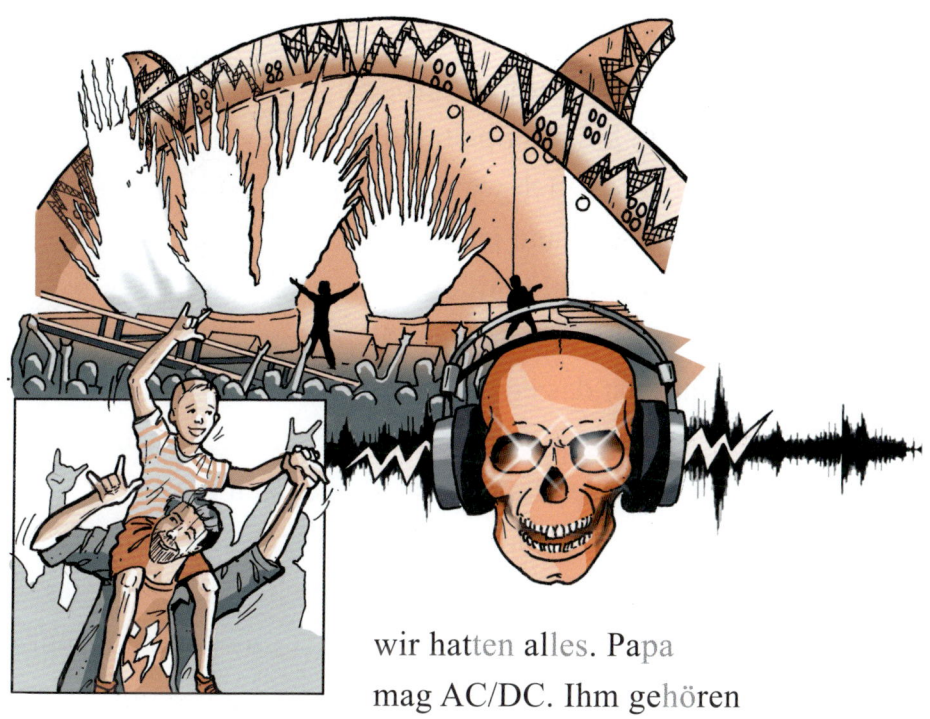

wir hatten alles. Papa mag AC/DC. Ihm gehören die ganzen Platten und CDs. Aber die sind natürlich in München geblieben.
Zum Glück hat er mir das meiste auf meine Festplatte überspielt. Weil ich AC/DC nämlich auch cool finde.
Ich war sogar schon auf einem Konzert. Papa hat mich mitgenommen, da war ich erst sieben. Das war großartig, ich werde es nie vergessen.
Natürlich weiß ich, dass da nicht AC/DC im Erdgeschoss der Schule spielen. Aber irgendjemand spielt „Highway to Hell" und das macht mich neugierig.

Ich gehe näher an das Fenster heran.
Mist, die Vorhänge sind zugezogen.
Aber da ist ein kleiner Spalt, wo das
Fenster gekippt ist. Ich werfe einen
Blick hinein. Viel kann ich nicht
sehen. Ein Junge steht mit einer
E-Gitarre vor einem Schlagzeug.

Moment mal. Ist das etwa …? Ja, Tatsache! Das ist Anne!
Sie spielt Schlagzeug! Damit habe ich nun gar nicht
gerechnet. Und ziemlich gut spielt sie auch noch.
Die anderen kann ich nicht sehen. Aber ich höre einen
Bass und eine zweite Gitarre und natürlich einen Sänger.
Er trifft nicht unbedingt jeden Ton, aber insgesamt macht
es Spaß, ihnen zuzuhören.

Hey, was soll das denn jetzt? Nicht mittendrin aufhören! Spielt weiter!
„Peter? Bist du das?"
Oh, Mist. Anne hat mich gesehen. Was mache ich denn jetzt? Einfach abhauen wäre albern, sie hat mich ja erkannt.
„Äh … hallo", sage ich und winke ihr durchs Fenster zu.
„Komm doch rein!", ruft sie und deutet in Richtung Haupteingang. „Den Flur runter und dann die dritte Tür rechts. Steht Musikraum dran."
„Ach, nein", sage ich. „Ich will euch nicht stören."
„Du störst nicht", sagt Anne. „Los, komm schon!"
Da kann ich schlecht Nein sagen. Und neugierig bin ich außerdem.
„Okay", sage ich und laufe zum Eingang des Schulgebäudes.

Kurzfassung

Auf dem Weg zu seinem Fahrrad hört Peter Musik aus einem Klassenraum. Dort übt die Schulband Songs von AC/DC. Anne ist auch dabei – sie kann Schlagzeug spielen.

Als ich den Musikraum betrete, steht Anne hinter ihrem Schlagzeug auf.

„Leute, das ist Peter", sagt sie. „Er ist in meiner Klasse und gerade aus München hierhergezogen."

Die anderen begrüßen mich freundlich, und ich grüße zurück. Sie sehen alle etwas älter aus als Anne und ich.

„Und das ist Markus", sagt sie und zeigt auf einen deutlich älteren Mann mit Kinnbärtchen. Er steht hinter einem großen Mischpult. „Er ist Musiklehrer und leitet das Ganze hier."

Die duzen ihren Musiklehrer? Das gab es bei uns in München nicht.

„Hallo, Peter", begrüßt mich Markus. „Wie hat sich das da draußen angehört?"

„Ziemlich gut", antworte ich. „Das hier ist also die Schulband?"

„Sozusagen", sagt Markus.

„Eigentlich ist es unsere Musik-AG. Aber da es keine andere Band an der Schule gibt, sind wir gleichzeitig die Schulband."

„Wir spielen am Samstag auf dem großen Schulfest", sagt Anne. „Unser erster Auftritt. Deswegen proben wir gerade jeden Tag nach dem Unterricht."

„Cool", sage ich. „Könnt ihr noch mehr von AC/DC?"

„Ja, wir spielen auch ‚Thunderstruck'", sagt Anne. „Und dann haben wir noch eins von den Rolling Stones, eins von Greenday und eins von den Ärzten. Das habe ich mir gewünscht. Jeder durfte sich ein Lied aussuchen."

Das ist natürlich super. Ich war in München auch in der Schülerband. Wobei das bei uns Schulorchester hieß. Da mussten wir immer das spielen, was der Orchesterleiter vorgegeben hat. Und das war meistens der letzte Mist.

„Spielst du auch ein Instrument, Peter?", fragt Markus.

Ja. Sogar ziemlich gut. Ich war nicht nur im Schulorchester, sondern auch noch im Musikverein. Leider ist dieses Instrument alles andere als cool. Wahrscheinlich ist es außerhalb von Bayern sogar das uncoolste Instrument überhaupt.

„Na ja … schon …", antworte ich. „Aber … na ja … ich weiß nicht … Das ist hier sicher eher … ungewöhnlich."

„Ungewöhnlich klingt gut", sagt Markus. „Na los, raus mit der Sprache! Welches Instrument spielst du?"
„Ich spiele Akkordeon." Ich wusste es. Die beiden Gitarristen und der Sänger fangen sofort an zu kichern.
„Was ist denn daran so lustig?", fragt Markus. „Könnt ihr etwa Akkordeon spielen? Das ist ziemlich schwer."
Das Kichern verstummt.
„Sorry", sagt der Sänger. „Aber Akkordeon hört sich nach Volksmusik an. Und das ist wohl das Schlimmste, was es gibt."
„Das stimmt allerdings", sagt Markus lachend. „Aber damit tut ihr dem Akkordeon unrecht. Und gerade uns Hamburger verbindet ziemlich viel mit diesem Instrument. Es wird nämlich auch Schifferklavier genannt. Und es gehört zu den traditionellen Instrumenten der Seefahrt. Es gibt wohl kaum ein Seemannslied, das ohne Akkordeonbegleitung gesungen wird."
„Wir spielen aber keine Seemannslieder", sagt der Bassist. „Wir machen Rock. Und zu Rock passt kein Akkordeon."
„Bist du dir da so sicher?", erwidert Markus. Er geht nachdenklich im Raum umher. „Man könnte es ja mal versuchen. Wie sieht's aus, Peter? Hast du Lust, morgen mit dem Akkordeon vorbeizukommen und mitzuspielen?"
Klar hätte ich Lust! Das wäre echt super! Ich habe zu

Hause schon öfter mal zu AC/DC Akkordeon gespielt. Da fällt mir sicher was Passendes ein. Ich könnte …
„Auf keinen Fall", würgt der erste Gitarrist meine Vorfreude ab. „Nicht so kurz vor dem Auftritt. Wir haben mit den fünf Songs genug zu tun, so wie sie sind. Wir können uns jetzt keine Experimente erlauben. Und ich habe auch keine Lust darauf, dass uns das den ganzen Auftritt versaut. Wir machen uns doch lächerlich, wenn wir ‚Highway to Hell' mit einem Akkordeon bringen."
Verdammt. Aber ich kann ihn verstehen. Ich wäre wahrscheinlich auch genervt, wenn kurz vor dem Konzert ein Neuer mit einem komischen Musikinstrument in meine Band käme.
„Hm, das sehe ich anders", sagt Markus. „Ich glaube, gerade mit einem Akkordeon könnte man den Songs noch eine besondere Note geben. Einen Versuch wäre das wert. Aber es ist eure Band. Also entscheidet ihr das auch. Am besten, wir stimmen ab. Wer ist dafür, dass Peter mit seinem Akkordeon einsteigt?"
Anne meldet sich sofort. Das ist lieb von ihr. Hilft aber leider nicht. Denn ihr Finger bleibt der einzige, der sich in die Luft streckt.
„Na gut", sagt Markus. „Ich finde das ehrlich gesagt schade. Aber da kann man nichts machen. Tut mir leid,

Peter. Vielleicht probieren wir es nach dem Auftritt mal."
Die anderen sehen sich mit gerunzelten Brauen an.
Dann meldet sich der Sänger wieder zu Wort.
„Sorry, aber wir können einfach kein Akkordeon in der Band gebrauchen", sagt er. „Auch nach dem Auftritt nicht. Wir sind eine Rockband. Das passt einfach nicht. Nimm's nicht persönlich. Wenn du Saxofon oder Keyboard spielen würdest, wäre es was anderes."
„Schon okay", sage ich seufzend. „Kein Problem. Dann geh ich mal wieder, damit ihr in Ruhe proben könnt. Ich wünsche euch viel Erfolg am Samstag. Ihr seid wirklich gut."
Ich verabschiede mich und verlasse den Musikraum.
Oh Mann, das ärgert mich. In dieser Band zu spielen hätte sicher viel Spaß gemacht. Die wirkten alle sehr nett, auch wenn sie mich rausgeschmissen haben. Das waren die ersten Leute hier, mit denen ich mir gut vorstellen konnte, befreundet zu sein. Menno.
„Peter! Warte!", höre ich plötzlich Annes Stimme hinter mir. Ich drehe mich um. Sie läuft auf mich zu und bleibt vor mir stehen.
„Hör mal", sagt sie. „Ich hab eine Idee. Ich muss sie nur noch mit Markus abklären. Wenn er einverstanden ist, rufe ich dich an. Hast du ein Handy?"

„Äh … ja … klar", sage ich leicht verwirrt.
Eine Idee? Was für eine Idee denn?
„Dann gib mir deine Nummer", sagt sie und zückt ihr Handy.
Ich diktiere ihr meine Nummer.
„Super, danke!", sagt sie. „Ich muss wieder zu den anderen. Hab gesagt, ich geh nur kurz aufs Klo."
Sie flitzt wieder los.
„Drück die Daumen, dass es klappt!", ruft sie mir im Laufen noch zu.
Das was klappt? Was hat sie bloß vor? Das ist fies! Ich will es wissen! Und zwar sofort! Oh Mann. Ich fürchte, die nächsten Stunden werde ich damit verbringen, mein Handy anzustarren.

Kurzfassung

Der Leiter der Band lädt Peter dazu ein, mitzuspielen. Doch Peter spielt ein ungewöhnliches Instrument: Akkordeon. Die Bandmitglieder wollen nicht, dass er bei ihnen mitmacht. So kurz vor ihrem Auftritt beim Schulfest am nächsten Samstag. Da hat Anne einen geheimnisvollen Plan …

10

„Oh, die ist aber schön groß!", schwärmt Mama.
„Und so schön hell", stellt Oma fest. „Und dazu noch mit einem kleinen Balkon!"
„Also, das gefällt mir hier wirklich sehr gut", sagt Mama. „Was meinst du, Spätzchen?"
Ich meine, sie sollte endlich mal damit aufhören, mich Spätzchen zu nennen. Der Rest ist mir ziemlich egal. Ich interessiere mich nicht für Küchen und Balkone und tolle Parkettböden. Auch wenn Mama immer wieder betont, was für ein Glücksfall es doch sei, mitten in Hamburg eine Wohnung angeboten zu bekommen. Aber wenn ich jetzt hier rumzicke, dauert das alles noch länger. Dabei habe ich keine Zeit! Ich muss dringend zurück zu Oma und weiter üben!
„Ja, schick, gefällt mir", sage ich deshalb. „Können wir dann bald gehen?"
„Jetzt drängel doch nicht so", sagt Mama. „Wir haben ja noch gar nicht alles gesehen. Kommt, wir schauen uns mal das Wohnzimmer an."
Ich schlurfe den beiden hinterher in den nächsten Raum. Er ist auch schön groß und schön hell, nur ohne Balkon. Und schräg über den Flur ist ein weiteres Zimmer.

Ich gehe schon mal vor, um das Ganze zu beschleunigen.
„Das wäre dann dein Zimmer!", ruft Mama mir hinterher.
Was, echt? Wow! So ein großes Zimmer hatte ich in
München nicht. Die Fenster sind riesig. Und die hohen
Wände sind ziemlich beeindruckend. Da passen ganz viele
Poster hin.
„Na, gefällt's dir?", fragt Mama. Sie schlingt von hinten
ihre Arme um mich.
„Ja", sage ich und nicke dabei. „Kriege ich dann auch ein
größeres Bett?"
„Kriegst du", sagt Mama.
„Und einen größeren Schreibtisch?"
„Kriegst du auch."

„Und einen größeren Fernseher?"
„Übertreib's nicht", sagt sie lachend. „Aber jetzt mal im Ernst: Gefällt es dir hier? Könntest du dir vorstellen, hier zu wohnen?"
Ja, das könnte ich. Die Wohnung ist schön. Sie hat nur einen Haken: Sie ist nicht in München. Aber das kann ich vergessen. Wir werden nicht wieder zurückziehen. Damit muss ich mich wohl langsam abfinden. Und wenn wir schon in Hamburg bleiben, dann darf es gerne diese Wohnung mit dem schönen großen Zimmer für mich sein. Ich schaue Mama an und nicke stumm.
„Das freut mich, Spätzchen", sagt sie und drückt mich fest an sich. „Ich weiß, dass das nicht leicht für dich ist. Dabei warst du bis jetzt sehr tapfer. Ich bin stolz auf dich."
„Eine Bedingung hätte ich aber noch", sage ich. „Wenn wir hier einziehen, darfst du mich nie wieder Spätzchen nennen."
„Vergiss es", sagt Mama lachend. „Du bist mein Sohn und ich kann dich nennen, wie ich will. Und glaub mir, mit Spätzchen bist du noch gut bedient. Ich könnte dich auch Mäusezähnchen nennen. Gefällt dir das etwa besser? Oder Schnuckelpups. Ja, Schnuckelpups ist gut. So nenne ich dich ab jetzt. Mein kleiner, süßer Schnuckelpups!"

„Nein! Bitte nicht!", flehe ich sie an. „Das ist fies! Mach das nicht! Ich nehme auch den alten Fernseher!"
Mama lacht.
„Habt ihr das gesehen?", ruft Oma uns aus dem Flur zu. „Das Bad hat eine Dusche und eine Badewanne!
Ich glaube, ich ziehe hier ein. Ihr könnt gerne meine alte Wohnung haben."
„Los, schnell", sagt Mama zu mir. „Wir müssen Oma fesseln und knebeln, bis ich den Mietvertrag unterschrieben habe!"
„Okay", sage ich grinsend. „Aber das darf nicht zu lange dauern. Ich muss unbedingt noch üben."
„Ja, ich weiß", sagt Mama. „Morgen ist der große Tag."
Allerdings. Der ganz große Tag. Hoffentlich geht Annes Plan auf. Falls nicht, kann Mama sich schon mal erkundigen, ob es hier in der Gegend noch eine andere Schule für mich gibt.

Kurzfassung

Mama hat eine neue Wohnung gefunden. Doch Peter hat wenig Zeit, sie zu besichtigen. Er möchte nach Hause, um Akkordeon zu üben. Das Schulfest steht vor der Tür. Hoffentlich geht Annes Plan auf.

11

„Und?", fragt Markus. „Alles klar bei dir?"
Nein. Bei mir ist gar nichts klar. Meine Knie zittern wie verrückt und mir ist kotzübel.
„Geht so", antworte ich. „Bist du wirklich sicher, dass das eine gute Idee ist?"
Ich bin mir da nämlich gar nicht mehr sicher. Das kann ganz schön in die Hose gehen. Im schlimmsten Fall mache ich nicht nur mich, sondern auch noch die Band völlig lächerlich. Und zwar bis ans Ende unserer Tage. Dabei könnten die noch nicht mal etwas dafür. Denn sie wussten ja nichts davon. Die Einzigen, die Bescheid wissen, sind Markus und Anne, die jetzt schon auf der Bühne steht.

Was für eine blöde Idee! Und ich war so blöd, mitzumachen. Also darf ich mich eigentlich nicht beschweren.
„Klar!", sagt Markus und klopft

mir aufmunternd auf die Schulter. „Das wird super! Wenn du das so bringst wie bei der Probe mit Anne und mir gestern, wird es ein absoluter Kracher."
Ja, wenn ich das so bringe. Bei der Probe hat es ganz gut geklappt. Aber richtig zufrieden war ich nicht. Deswegen habe ich heute noch den ganzen Vormittag geübt und daran gefeilt. Doch leider nur allein. Für eine weitere Probe mit Anne und Markus war keine Zeit mehr. Aber selbst wenn bei mir alles super läuft, heißt das noch lange nicht, dass es irgendjemand gut finden wird.
„Ich habe so meine Zweifel", sage ich seufzend.
„Ach, das ist nur das Lampenfieber", erwidert Markus. „Aber das gehört dazu. Ich würde mir echte Sorgen machen, wenn du keine Zweifel hättest."
Markus öffnet die Tür des Abstellraums, in dem ich mich nun schon seit eineinhalb Stunden verstecke. Ich musste vor allen anderen hier sein, damit mich bloß niemand sieht.
Markus streckt seinen Kopf nach draußen und horcht in Richtung Aula.
„Sie sind beim dritten Lied", sagt er. „Du kannst dich langsam warmspielen."
„Okay", sage ich und mache ein paar Fingerübungen.
Ein paar Minuten später ist es so weit.

„Wir müssen los", sagt Markus. Er späht durch den Türspalt. „Die Luft ist rein."
Ich folge ihm über zwei Gänge. Dann sind wir durch die Tür zur Aula hinter der Bühne angelangt. Die Band spielt gerade das Ärzte-Lied, also das vorletzte. Ich wage einen kurzen Blick in den Zuschauerraum und mir schnürt es vor Schreck den Hals zu. Auweia. Das ist ganz schön voll da drinnen. Alle Plätze sind besetzt. Schüler, Lehrer,

Eltern, alle sind gekommen. Ich sehe Mama und Oma etwas weiter hinten. Und in der ersten Reihe sitzen Andi und seine Gefolgschaft. Na super, die haben mir ja gerade noch gefehlt.

> **Kurzfassung**
>
> Peter hat heimlich mit Anne und Markus geprobt. Am Tag des großen Auftritts versteckt er sich in einem Abstellraum. Kurz vor dem letzten Lied der Band schleicht er sich in die Aula und hinter die Bühne.

12

„Das Lied ist gleich zu Ende", sagt Markus. „Mach dich bereit. Vergiss nicht, dein Mikro einzuschalten. Aber erst kurz bevor du die Bühne betrittst."
Okay. Jetzt gilt es. Ich stelle mich an den Rand der Bühne hinter den Vorhang, damit mich die Jungs noch nicht sehen. Mein Herz schlägt wie verrückt. Kalter Schweiß läuft mir den Rücken herunter. Kann mich bitte jemand ganz schnell hier rausholen?
Das Ärzte-Lied ist zu Ende. Das Publikum klatscht begeistert. Völlig zu Recht, denn die Band hat richtig gut gespielt. Solange ich noch nicht auf der Bühne war …
Wer weiß, wie die Zuschauer als Nächstes reagieren werden.

Der Gitarrenriff von „Highway to Hell" fängt an. Ein letzter Blick zu Markus. Er streckt grinsend einen Daumen nach oben. Ich steige gleichzeitig mit Anne ein. In zwei Sekunden ist es so weit. Ich schalte das Mikrofon an und trete aus meinem Versteck. Ich fange an zu spielen, bevor ich die Bühne betrete. Die Jungs fragen sich, woher dieses ungewohnte Geräusch kommt, und sehen sich verwirrt um.

Ich gehe ein paar Schritte nach vorne, bis ich neben dem zweiten Gitarristen stehe. Ein Raunen geht durch das Publikum. Die Jungs glotzen mich ungläubig an. Sie lassen sich aber zum Glück nicht aus der Ruhe bringen. Der Sänger verpasst seinen Einsatz. Das ist aber nicht schlimm, wir spielen einfach weiter und er setzt vier Takte später ein. Ich schaue zu Anne, sie grinst über das ganze Gesicht. Ihr Plan hat funktioniert. Zumindest bis jetzt.

Wir spielen immer weiter. Als der Refrain kommt, klappt alles, wie ich es mir ausgedacht habe. Bei der zweiten Strophe fängt es an, richtig Spaß zu machen. Und sogar die Jungs grinsen mich an. Im Publikum ist es verdächtig still. Ich versuche, einen Blick auf Mama und Oma zu erhaschen. Aber die Scheinwerfer blenden mich.

Der zweite Refrain ist vorbei, jetzt kommt das Gitarrensolo. Ich steige mit ein. Der Gitarrist kapiert es

sofort und wir liefern uns ein kleines Solo-Duell. Das gab es bestimmt noch nie – ein Solo-Battle zwischen einer Gitarre und einem Akkordeon! Und dass es viermal so lange dauert wie das normale Solo, stört keinen.
Jetzt folgt der letzte Refrain. Der Sänger kommt mit dem Mikro auf mich zu und hält es mir hin. Ich gröle die Zeilen mit ihm zusammen und habe einen Riesenspaß dabei. Am Ende geben wir noch mal richtig Gas. Jeder holt alles aus seinem Instrument heraus. Wir sehen uns an, Anne gibt uns ein Zeichen, der letzte Ton kommt perfekt und bleibt vibrierend in der Luft stehen.
Noch bevor er ausgeklungen ist, ertönt eine leider allzu bekannte Stimme aus der ersten Reihe.
„Ha, ha! Die Heide!", ruft Andi. „Die glaubt wohl immer noch, sie ist bei den blöden Bayern! Peinlicher geht's ja wohl nicht! Ha, ha!"
Ich wusste es. Das konnte ja nicht gut gehen. Dieser Vollidiot muss natürlich alles kaputtmachen.
„Halt die Klappe, Andi!", ruft ein Junge aus meiner Klasse von einer der hinteren Reihen. „Das war saugeil!"
„Genau!", ruft ein anderer. „Peter hat's drauf! Im Gegensatz zu dir!"
Es folgt ein ohrenbetäubendes Buh-und-Pfeifkonzert. Leere Getränkebecher fliegen in Andis Richtung. Selbst

seine Kumpels wenden sich von ihm ab. Dann kommt der Hausmeister. Er schnappt Andi am Kragen und zieht ihn weg. Als die beiden am Bühnenrand vorbeikommen, zwinkert mir der Hausmeister zu. Ich zwinkere mit einem breiten Grinsen zurück.

Dann fängt plötzlich jemand an zu klatschen. Und keine zwei Sekunden später klatschen alle. Aber auch wirklich ALLE! Und sie pfeifen und jubeln und rufen lauthals nach einer Zugabe und hören gar nicht mehr auf damit.

Der erste Gitarrist kommt zu mir und legt seinen Arm um mich.

„Coole Aktion!", sagt er. „Ich hätte im Leben nicht gedacht, dass das so geil wird!"

„Danke", sage ich und werde mit Sicherheit ein bisschen rot dabei. „Das war Annes Idee."

Wir drehen uns alle zu Anne um und strecken ihr unsere Daumen entgegen.
„ZUGABE! ZUGABE!", brüllen die Leute immer noch.
„Los, wir spielen es einfach noch mal", ruft Anne uns zu.
„Alles klar!", sagt der Sänger. „Peter fängt an! Eins! Zwei! Drei! Vier!"
Ich nehme den Takt auf und alle klatschen begeistert mit. Das ist so cool, ich kann es gar nicht beschreiben. Alleine dafür hat es sich gelohnt, nach Hamburg zu ziehen.

> **Kurzfassung**
>
> Peter betritt die Bühne und stimmt mit seinem Akkordeon in den letzten Song ein. Die Band ist überrascht. Doch sie merken bald, wie gut Peters Spiel zu ihnen passt. Das Konzert wird ein großer Erfolg. Jetzt ist Peter froh, nach Hamburg gezogen zu sein.

13

„Uff!", stöhnt Anne. „Wo kommt die denn hin?"
„Was steht drauf?", fragt Mama.
„Nichts", antwortet Anne.
„Dann stell die Kiste einfach in den Flur", sagt Mama.
„Achtung! Aus dem Weg!", ruft Timo, der gerade mit Basti zusammen unser neues Sofa trägt.
„Ins Wohnzimmer!", ruft Mama ihnen zu. „An die rechte Wand!"
„Puh", ächzt Basti. „Also, wenn ihr das nächste Mal umzieht, sucht euch bitte eine Wohnung im Erdgeschoss. Oder wenigstens eine mit Aufzug. Fünf Stockwerke sind echt die Hölle."

„Ihr seid so tapfer", sagt Mama. „Und unglaublich nett. Ohne euch hätten wir das nie geschafft."

„Das stimmt", füge ich hinzu. „Ihr seid echt die Besten. Pause? In meinem Zimmer?"
„Gute Idee", sagt Timo.
Basti und Anne nicken zustimmend. Ich hole uns was zu trinken aus der Küche und wir setzen uns in meinem Zimmer auf den Boden.
„Ein bisschen beneide ich dich ja", sagt Timo. „Dein Zimmer ist so groß, da könnten wir fast drin proben."
„Wenn du das den Nachbarn beibringst, kein Problem", sage ich grinsend.
Timo ist der Bassist aus unserer Band. Wir haben uns in

den letzten Wochen ziemlich oft gesehen. Nicht nur bei den Proben, ich war auch schon ein paar Mal bei ihm zu Hause. Wir verstehen uns super. Und das nicht nur, weil er Bayern-Fan ist. Wir mögen auch die gleiche Musik und die gleichen Spiele und vieles andere. Ich glaube, Timo ist mein erster richtiger Freund hier in Hamburg.
Wobei die anderen Jungs aus der Band auch echt in Ordnung sind. Basti, der Sänger, zum Beispiel. Der hilft uns ja heute auch. Ich musste ihn nicht mal fragen, das hat er von selbst angeboten. Und die restlichen Jungs wären auch gekommen, wenn sie nicht andere Verpflichtungen hätten.
„Ich könnte meine Cajón mitbringen", sagt Anne. „Dann könnten wir ein bisschen ohne Verstärker proben, das macht nicht so viel Krach."
Okay, eigentlich sind es schon zwei richtige Freunde, die ich in Hamburg habe. Anne gehört nämlich auch dazu. Sie ist echt cool, obwohl sie ein Mädchen ist. Mit ihr kann man viel lachen und Quatsch machen und sie hat immer tolle Ideen. So wie jetzt gerade.
„Superidee", sage ich. „Vielleicht machen die anderen ja mit. Dann könnten wir …"
„Wer hat Hunger?", unterbricht mich Omas Stimme aus der Küche. „Die ersten Pfannkuchen sind fertig!"

„Es gibt Pfannkuchen?", fragt Timo begeistert. „Super!"
„Perfekt!", stimmt Basti ihm zu. „Ich hab einen Riesenkohldampf!"
„Mit Nutella?", fragt Anne. „Die mag ich am liebsten!"
Ich auch. Und mein Leben mag ich jetzt auch wieder. Sehr sogar.

> Kurzfassung
>
> Peter und seine Mutter ziehen in die neue Wohnung ein. Die Bandmitglieder helfen ihnen beim Umzug. Dabei stellt Peter fest, dass er gute Freunde in Hamburg gefunden hat: auf jeden Fall Timo, den Bassisten der Band – und Anne.

Texte zu den Themen Musik, Freundschaft und mehr

Pop-Frischlinge
So entdecken Plattenfirmen neue Stars

Einmal wie Robbie Williams Konzertsäle füllen – davon träumen fast alle Musiker. Um das zu erreichen, muss man allerdings erst mal entdeckt werden und braucht einen Plattenvertrag.

Dafür sorgen sogenannte Artists-and-Repertoire-Manager. Sie sind als Talentsucher für Plattenfirmen auf der Jagd nach neuen Erfolg versprechenden Künstlern. Die entdecken sie durch Medienberichte, Künstleragenturen, auf Konzerten oder bei Bandwettbewerben. Außerdem bekommt jeder A & R-Manager haufenweise Demobänder mit Songs unbekannter Interpreten auf seinen Schreibtisch.

Aus diesem Angebot pickt er sich die Talente heraus, die für eine Plattenproduktion gut genug sind und Erfolg haben könnten. Er nimmt die Pop-Frischlinge unter seine Fittiche und gibt ihnen einen Plattenvertrag. Dann endlich dürfen sie ein Album aufnehmen, das später in den Geschäften liegt. Damit sich das verkauft, rührt der A & R-Manager kräftig die Werbetrommel und verschafft seinen Schützlingen Interviews und Auftritte – in der Hoffnung, dass sie echte Stars werden.

Demobänder
Der erste Weg zum Durchbruch als Musiker

Um bei einer Plattenfirma einen Vertrag für die Veröffentlichung einer Single oder eines Albums zu erhalten, fertigen Musiker in eigenen oder gemieteten Studios Tonaufnahmen an, die man „Demonstrationsbänder" oder kurz „Demos" nennt. Wenn die Musiker schon einen Manager oder einen Musikverlag haben, kümmern die sich um die Aufnahmen.

Je besser und sorgfältiger die Demos gemacht sind, desto größer ist in der Regel die Bereitschaft der Plattenfirmen, einen neuen Künstler unter Vertrag zu nehmen. Anfang der 1960er-Jahre etwa waren die Demobänder von jungen Sängern wie Carole King oder Neil Sedaka so sorgfältig arrangiert und besungen, dass sie bei der eigentlichen Produktion nur noch überspielt werden mussten oder sogar gleich in ihrer Urform veröffentlich wurden. Dieses Prinzip hat seither Schule gemacht.

•••• **Promotion-Maßnahmen** sind in der Musikbranche alle Werbemethoden, die Künstlern zum Erfolg verhelfen. Dazu zählen Rundfunk- und TV-Einsätze, Platzierungen in Discotheken oder Musikautomaten, ständige Erwähnung in den Medien und häufige Live-Auftritte.

HIER SPIELT DIE MUSIK

Klavier üben, Geige üben, Gitarre üben – das kann so lästig sein wie Vokabeln lernen. Aber meistens macht Musik viel mehr Spaß. Und Musizieren bringt sogar was für die Schule.

Obwohl Leonard erst seit ein paar Monaten Saxofon-Unterricht hat, übt er schon erste Jazz-Lieder: fröhliche Stücke, bei denen sein Fuß im Takt mitwippt. Der 12-Jährige ist einer von etwa acht Millionen Menschen in Deutschland, die ein Instrument spielen oder im Chor singen. Gründe dafür gibt es viele:
– Wer zusammen mit anderen Musik macht, lernt neue Leute kennen. Und zwar solche, die einen ähnlichen Geschmack haben.
– Auftritte stärken das Selbstbewusstsein: Wer schon mal vor Publikum gestanden und Applaus bekommen hat, kann stolz auf sich sein.
– Zwar sind Musiker nicht unbedingt klüger als andere Menschen. Aber ein Instrument zu lernen bringt Vorteile auch auf anderen Gebieten. Zum Beispiel in der Schule: „Wer ein Instrument spielt, kriegt schnell mit, dass Üben wirklich etwas bringt. Und dass man sich manchmal auch selbst dazu zwingen muss", sagt der Musikprofessor der Universität Oldenburg, Gunter Kreutz. Diese Erfahrung lässt sich prima auch in der Schule anwenden. Man weiß dann, wie das geht: etwas üben, obwohl man vielleicht gerade nicht so viel Lust dazu hat.

Man sollte regelmäßig üben – lieber kurz und oft als wenig und lang. „10 bis 20 Minuten am Tag genügen", sagt Kreutz.
Aber wie findet man für sich das richtige Instrument?

„Man sollte eines spielen, das man gern hört und auf das man die meiste Lust hat", rät Kreutz. Und dann eine Weile ausprobieren: „Oft fällt einem erst mit der Zeit auf, ob man sich richtig entschieden hat." Viele Instrumente können schon Grundschüler lernen. Nur bei einigen Blasinstrumenten sollte man warten, bis die festen Zähne da sind, damit sich der Kiefer durch das Mundstück nicht mehr verformt. Einige Musikschulen bieten einen „Tag der offenen Tür" an, bei dem die Instrumente ausprobiert werden dürfen.

Oder es gibt Probestunden. Auf die Eltern sollte man dabei nicht immer hören, sondern auf sein Bauchgefühl. Leonards Mutter spielt Klarinette. Leonard hörte sie oft spielen – und schon als kleiner Junge wollte er das unbedingt auch versuchen. Vier Jahre lang nahm er Unterricht. Aber vor allem mit den hohen Tönen mühte er sich ab, er kriegte sie einfach nicht sauber

hin. Irgendwann übte er weniger und stritt sich mit seinem Musiklehrer. Leonard wollte alles hinschmeißen: „Ich hatte keine Lust mehr."

Dann hatte sein Musiklehrer eine Idee. Leonard sollte mal ein Saxofon ausprobieren. Das spielt man ähnlich wie Klarinette, aber es kommen schneller Töne heraus. Und plötzlich fiel es Leonard leicht, Lieder zu spielen. Schnell war ihm klar: „Jetzt macht der Unterricht wieder Spaß."

EIN INSTRUMENT FÜR JEDEN

Saxofon
Sieht gut aus, hat einen tollen Sound. Es ist aus Metall, zählt aber zu den Holzblasinstrumenten. Denn der Ton wird durch ein Holzblättchen erzeugt.
Schwierig?
●●○○○
Solo oder Band?
Man spielt in Bands, Jazz-Combos und Blaskapellen.
Preis: gebraucht ab 450,– €

Gitarre
Gibt es als E-Gitarre für die Band oder als akustische Gitarre. Die ersten Griffe für einfache Lieder hat man schnell gelernt.
Schwierig?
●●○○○
Solo oder Band?
Beides.
Preis: gebraucht ab 100,– €

Klavier
Wer am Klavier sitzt, braucht keine weiteren Instrumente als Begleitung. Praktisch sind E-Pianos: Man kann Kopfhörer einstöpseln und stört die Nachbarn nicht.
Schwierig?
●●●○○
Solo oder Band?
Normalerweise kann man nur in einem Orchester spielen, wenn man richtig gut ist.
Preis: gebraucht ab 650,– €

Akkordeon
Mit dem Akkordeon kann man viele Lieder begleiten – von volkstümlicher bis zu moderner Musik. Mit der einen Hand drückt man Knöpfe, mit der anderen die Tasten.
Schwierig?
●●○○○
Solo oder Band?
Beides.
Preis: gebraucht ab 200,– €

Blockflöte
Einsteigerinstrument. Klein und gut zu greifen. Wird auch Jahre später zu Weihnachten wieder rausgekramt.
Schwierig?
●○○○○
Solo oder Band?
In Blockflötengruppen lernen Kinder oft Freunde kennen.
Preis: gebraucht ab 9,– €

Geige
Gilt als schwierig, vor allem, wenn man vorher kein anderes Instrument gelernt hat. Der Bogen einer Geige ist übrigens mit den Haaren eines Pferdeschweifs bespannt.
Schwierig?
●●●●●
Solo oder Band? Geigen sind eher was für Orchester.
Preis: gebraucht ab 100,– €

Trompete
Das Instrument, das die Nachbarn hassen. Kann man nicht wirklich leise üben.
Schwierig?
●●●○○
Solo oder Band?
Orchester, Blaskapelle, Spielmannszüge, Rock- und Popbands.
Preis: gebraucht ab 300,– €

Cello
Das Cello spielt man im Sitzen, es steht zwischen den Beinen. Mit einem Bogen streicht man über die Saiten und bekommt so tiefe, volle Töne.
Schwierig?
●●●○○
Solo oder Band?
Celli braucht man in jedem Kammerorchester.
Preis: gebraucht ab 400,– €

Schlagzeug
Macht Lärm und Laune, ist aber, wenn es gut klingen soll, schwieriger, als man denkt.
Schwierig?
●●●○○
Solo oder Band?
Band.
Preis: gebraucht ab 300,– €

Computer
Sound- und Musikschnipsel zusammensetzen und mischen. Anfänger kriegen auch mit günstigen Programmen schnell was hin.
Schwierig?

Solo oder Band? Solo
Preis: 0 bis 100,– € für ein Computerprogramm

Querflöte
Querflöten klingen hoch und rein – wenn man sie richtig beherrscht. Es gibt extra Querflöten für Kinder. Die sind etwas leichter zu greifen.
Schwierig?
●●●○○
Solo oder Band? Orchester, Kammermusik.
Preis: gebraucht ab 100,– €

Horn
Vom schneckenartigen Waldhorn bis zur riesigen Tuba: Hörner klingen mächtig und voll.
Schwierig?
●●○○○
Solo oder Band? Blaskapelle.
Preis: gebraucht ab 500,– €

Keyboard
Mit einem Keyboard kann man verschiedene Instrumente imitieren und auch Schlagzeug-Rhythmen unterlegen.
Schwierig?

Solo oder Band? Keyboarder sind oft Alleinunterhalter, spielen aber auch in vielen Bands.
Preis: gebraucht ab 90,– €

Klarinette
Es gibt sie in verschiedenen Größen, die bekannteste ist die B-Klarinette. Bei Profis klingt sie warm und sanft, bei Anfängern kann sie ganz schön quietschen.
Schwierig?

Solo oder Band? Blasorchester, Jazz- und Big Band.
Preis: gebraucht ab 250,– €

Stimme
Rappen, Beatboxen, Chor: Unsere Stimme haben wir immer dabei. Aber auch Singen muss man üben.
Schwierig?
●○○○○
Solo oder Band? Beides.
Preis: 0,– €

E-Bass
Der elektrische Bass sieht ein wenig aus wie eine Gitarre, hat aber nicht sechs, sondern vier Saiten. Er klingt tiefer als eine Gitarre.
Schwierig?
●●○○○
Solo oder Band? Band.
Preis: gebraucht ab 200,– €

Banjo
Das Banjo ist ein Zupfinstrument, das man aus der amerikanischen Volksmusik kennt. In letzter Zeit sieht man damit immer mehr Stars auf der Bühne, wie Taylor Swift.
Schwierig?
●●●○○
Solo oder Band? Beides.
Preis: gebraucht ab 300,– €

Ukulele
Die Ukulele sieht aus wie eine kleine Gitarre, ist aber ein eigenes Instrument. Sie hat vier Saiten.
Schwierig?
●●○○○
Solo oder Band? Beides.
Preis: gebraucht ab 20,– €

Harfe
Die Harfe ist eines der ältesten Instrumente der Menschheit. Um sie zu spielen, sitzt man hinter ihr und zupft die Saiten.
Schwierig?
●●●●○
Solo oder Band? Nur die Besten schaffen es in ein Orchester, die meisten spielen allein.
Preis: gebraucht ab 1000,– €

Kontrabass
Der Kontrabass ist das tiefste und größte Streichinstrument. Man spielt ihn im Stehen. Für Kinder gibt es extra kleine Kontrabässe.
Schwierig?
●●●○○
Solo oder Band? Jazz-Combo, Orchester, Big Band.
Preis: gebraucht ab 500,– €

„GANZ VIEL KRACH"

Tim Tom, 12, aus Berlin gründete mit seinen Freunden **Maximilian, 13, Hinrich, 12, Ferdinand, 12, Bjarke, 12, und Albert, 9,** die Heavy-Metal-Band **Black Monster Truck**.

Tim Tom, warum macht ihr ausgerechnet Heavy Metal?
Weil das die coolste Musik ist. Wir hören selbst viel Heavy Metal – das passt zu uns. Ganz laut, ganz viel Krach. Das finden wir gut.

Schreibt ihr auch eigene Lieder?
Ja, die Texte schreibe ich meistens selbst. Wir haben im Moment acht eigene Lieder, die wir ganz gut draufhaben.

Worüber singt ihr so?
Über ganz normale Sachen: zum Beispiel über einen Mann, der auf die S-Bahn wartet. Die Bahn kommt aber nicht – und der Mann rastet dann aus.

Wer in einer Band spielt, muss sein Instrument richtig beherrschen, oder?
Na ja, wir wursteln uns so durch. Wenn einer mal danebenhaut, ist das nicht schlimm. Wir sind alle keine Profis – aber wir haben Spaß. Das ist ja das Wichtigste.

Wie oft probt ihr?
Mindestens einmal die Woche bei mir zu Hause im Keller. Manchmal auch öfter – je nachdem, wie wir Lust haben. Oft diskutieren wir ewig rum, wie man ein Lied besser machen kann. Deshalb dauern unsere Proben immer sehr lange.

Produzenten
Die Macher hinter den Stars

Jeder von uns kennt Michael Jackson, die Rolling Stones oder Madonna. Wer aber weiß, wer Quincy Jones, Don Was oder William Orbit sind? Dabei haben wir von diesen dreien durchaus schon etwas gehört – sie sind die Produzenten der Superstars und haben vielen Songs zu Hit-Qualitäten verholfen.

Ein Produzent „formt" die Kompositionen seiner Künstler und manchmal auch deren Image. In vielen Fällen sind die Produzenten für die Ausarbeitung der Musikstücke verantwortlich. Oft kümmern sie sich um die Studiomusiker und führen die Regie im Tonstudio. Für den Plattenkäufer sind die Produzenten zwar „unsichtbar", sie haben in der Musikbranche aber die Fäden in der Hand. In den 1960er- und 1970er-Jahren konnte man wichtige Produzenten noch an zwei Händen abzählen. Da gab es George Martin für die Beatles oder Jimmy Miller für die Rolling Stones. Seit den 1980er-Jahren allerdings kann es sich kaum noch ein Profimusiker leisten, von Nummer-eins-Hits zu träumen, ohne sich Gedanken über einen Produzenten zu machen.

•••• Ein Soundtrack ist die auf CD veröffentlichte Original-Film- oder Fernsehmusik, die speziell für den jeweiligen Streifen komponiert wurde.

Charts
Die amtliche Liste der Stars

Die Singles- und Alben-Bestsellerlisten der Musikindustrie werden Woche für Woche überwiegend von Fach- und Branchenblättern ermittelt.
Führendes Magazin in den USA ist das 1895 in New York gegründete Billboard Magazine. Das Blatt stellt die Listen der erfolgreichsten Tonträger, die sogenannten Top 100, aus den Bereichen Pop, Dance, Rap, Country, Latin und etlichen mehr streng nach den Verkaufszahlen zusammen.
In Deutschland ist für die Hitparaden das Baden-Badener Institut Media Control im Auftrag der Plattenindustrie zuständig. Es stellt unter Berücksichtigung von Plattenverkäufen, Sendezeit im Radio sowie seit Neuestem auch von registrierten Downloads die Top 100 zusammen. Sie werden jeden Donnerstag in den Fachblättern Musikmarkt und Musikwoche sowie im Internet präsentiert.

•••• Künstler mit den meisten Nummer-eins-Hits in den deutschen Charts (Die Zahl der Nummer-eins-Hits steht in Klammern)
The Beatles (12) • Freddy Quinn (10) • ABBA (9) • The Sweet und Boney M. (je 8) • Peter Alexander (7) • Caterina Valente, Roy Black und The Rolling Stones (je 6) • Modern Talking und Sarah Connor (je 5)

TOP 100 ALBEN CW26-2015

ERHEBUNGSZEITRAUM: 19.06.2015 BIS 25.06.2015

TOP 100 ALBEN

Position	% von Platz 1	Vorwoche		Album		Wochen in den Charts	Höchste Position
1	100.0%	new		**Skills In Pills** — Lindemann — Warner		1	1
2	89.5%			**Sing Meinen Song - Das Tauschkonzert Vol. 2** — Various Artists — XN-Tertainment		3	1
3	84.9%	new		**Mama** — MoTrip — Urban		1	3
4	74.1%	new		**J.G.U.D.Z.S.-(Jung Genug Um drauf zu s*******n)** — Kay One — PrinceKayOne		1	4
5	68.5%	4		**Muttersprache** — Sarah Connor — Polydor		5	1
6	53.8%	new		**Auf die Plätze, Fertig, Los** — Wirtz — Wirtz Musik		1	6
7	45.6%	6		**Von Liebe, Tod Und Freiheit** — Santiano — We Love Music		4	1
8	31.5%	9		**Bravo Hits 89** — Various Artists — Polystar		8	1
9	29.1%	7		**Gregor Meyle präsentiert Meylensteine** — Various Artists — Embassy of Music		2	7
10	23.5%	1		**Fata Morgana** — KC Rebell — Warner		2	1

So 'ne Musik
Songtext von Deichkind

Verkauf das letzte Hemd für die Karten vom Konzert
Alle woll'n den Abriss, gefedert und geteert
Wir haben euch vermisst, es ist viel zu lange her
Die Show kann jetzt beginnen und alle nur so, Yeah

Atmet die Musik, denn das ist wie Ritalin
DK ist zurück mit wunderschönen Melodien
Die-die-die Kalotte clippt, und sie fangen an zu streamen
Immer noch die Gören, keine Chance, sie zu erziehen
Nicht so wie Jay Z, wir benutzen Autotune
Wir laden es ins Netz, denn sie lieben den Konsum
Silly Walk Exzess, völlig ungeniert
Wir agieren so zielgruppenorientiert
Dom Pérignon und dann macht die Buddel peng
Der Turbo aus dem Game kommt aus der Lameng
Wir müssen nix erklär'n, denn das ist unser Slang
Du hängst in deiner Gang, aber wir hängen mit Sven

Und auf einmal hörst du so 'ne Musik
Aus dem Kinderzimmer, beim Gerätetraining
Wer macht denn heute noch so 'ne Musik?
Bei der Stellensuche, in der guten Stube
Endlich läuft mal wieder so 'ne Musik
Auf der Party neulich, beim Guerillaschaukeln

Und aus dem Auto ballert so 'ne Musik
Beim Elternabend, beim Katerfrühstück und im Oval Office

Dann bist du ausgeknockt von den Freaks und dem Smog
Ob Chili-Cheese Pop, oder heftigster Mosh
Erschaff' deine Welt, darin fühlst du dich safe?
Kost'n bisschen Geld, aber ist ja nur Geld
Soundtrack of your Life wird gepumpt, mach es laut
Der zerrockte Clown zerfeiert euch zu Staub
Wir zelebrier'n den Krach, danach smashen wir Gitarren
Wir hol'n die Tröten raus, und fall'n völlig aus'm Rahmen
Lalalala-Bumm, die Musik geht aus dem Leim (Leim)
Wie Primaten kloppen wir auf Stock und Stein (Stein)
Wir drücken die ganze Nacht auf die 808 (acht)
Und bauen uns Papierflieger aus Noten von Bach (Bach)

So 'ne Musik, beim Reifenwechseln, auf der Touri-Meile
Du hast richtig Bock auf so 'ne Musik
Beim Pubertieren, in der Midlife-Crisis
Denn deine Seele braucht so 'ne Musik
Im Hobbykeller, beim Klinkenputzen, in der Tagesklinik
So 'ne Musik, bei der Weiterbildung
In der Todeszone – Der ganze Laden feiert

Die Lieder-Schmiede
So entstehen Popsongs

Musikern fallen Lieder bei allen möglichen Gelegenheiten ein: beim Einkaufen, unter der Dusche oder im Proberaum. Manche haben zuerst Textideen, andere erfinden zunächst eine Melodie und einige haben sogar gleich beides im Kopf.
Dann heißt es, das Ganze schnell zu notieren oder irgendwo aufzunehmen. Oft wird das erst mal mit Handys oder Diktiergeräten erledigt und erst später aufgeschrieben. Andere Popkünstler setzen sich mit ihren Mitmusikern gleich in ein Studio oder einen Proberaum und spielen zusammen ohne große Vorbereitung eine Jamsession. Oft entstehen dann neue Songs, die ebenfalls aufgeschrieben oder aufgenommen werden.
Im Studio stimmen die Musiker Text und Musik aufeinander ab und setzen die einzelnen Teile der Songs so lange zusammen, bis sie zufrieden sind. Wenn alles passt, wird das Stück im Studio auf Masterbänder aufgenommen. Diese Aufnahmen werden im Anschluss auf CDs verewigt, die später in den Plattengeschäften zu kaufen sind.

•••• Bei einer Jamsession oder auch beim Jamming kommen Musiker zusammen, um miteinander zu musizieren und das Zusammenspiel mit den anderen zu verbessern. Oft ergeben sich während des Jammings neue Songs.

Lieder-Basteln
Die Zutaten für einen Popsong

Man nehme zum beliebigen Kombinieren und Gestalten:

Intro: Das Wort kommt aus dem lateinischen „introductio" und bedeutet „Einführung". Das Intro ist eine kurze, oft nur mit Instrumenten gespielte Melodie, die im Lied noch mal vorkommt und auf den nächsten Teil hinleitet, und das ist die

Strophe: Davon kommen in Popsongs meist mehrere vor. Sie bestehen aus Versen wie in einem Gedicht und haben jeweils unterschiedliche Texte. Die Melodien dazu klingen (meist) gleich. Dann kommt die

Bridge: Die Brücke, wie Bridge übersetzt heißt, leitet hinüber zum Refrain. Man baut sie entweder in die Strophe als zweiten Teil ein oder komponiert und textet eine Extra-Bridge, die man an die Strophe anschließt. Sie klingt anders als die Strophe, damit der Zuhörer merkt, dass es weitergeht zum

Refrain: An ihm erkennt man einen Popsong schnell wieder, denn im Refrain wird immer das Gleiche gesungen und die gleiche Melodie gespielt. Ein eingängiger Refrain ist eine entscheidende Zutat für den Erfolg eines Popsongs.

•••• Als **Hook** bezeichnet man die Passage in einem Song, die wegen ihrer Ohrwurm-Qualitäten den größten Erinnerungswert hat. Häufig handelt es sich dabei um den Refrain des Liedes.

Casting
Die Generation der Medien-Superstars

Ursprünglich stammt der englische Begriff „Casting" aus der Theater- und Film-Szene. Er steht für „Rollenauswahl". Doch seit im Jahr 1998 eine neue Fernsehsendung namens „Pop Idol" rasch ein Millionenpublikum fand, hat der Begriff „Casting" auch in unseren Sprachgebrauch Eingang gefunden. Das Konzept hinter „Pop Idol" ist so einfach wie genial: Bei einem Talentwettbewerb werden die TV-Zuschauer in die Abstimmung über die Kandidaten einbezogen. Nach jeder Show muss der Letztplatzierte das Team verlassen. Eine Jury aus Fachleuten beurteilt jeden Auftritt. Bewertet wird nach den Kriterien Gesang, Auftreten, Outfit und persönliche Vorlieben. „Pop Idol" wurde ein Megaerfolg. Und deshalb übernahmen viele andere Länder das Konzept. In den USA heißt die Sendung „American Idol", in Frankreich „La Nouvelle Star" usw.
In Deutschland flimmerte die erste Casting-Show „Popstars" im Herbst 2000 über die Mattscheiben. Zwei Jahre danach erreichte „Deutschland sucht den Superstar" bis zu 15 Millionen Zuschauer. Die bekanntesten Casting-Stars in Deutschland sind bisher die No Angels, Alexander Klaws, Tobias Regner und Daniel Küblböck.

Julia Dendl bei „The Voice Kids"

Begonnen hat die spannende Zeit im September 2013.
Als wir aus dem Urlaub zurückkehrten, habe ich am Abend den TV-Spot entdeckt, bei dem man sich für die zweite Staffel in München bewerben sollte! Allerdings gleich am nächsten Tag! Spontan wie wir sind, haben wir ein kleines Bewerbungsmusikvideo gedreht und noch online die Bewerbung abgeschickt … allerdings dachte ich nicht mehr daran, dass ich so kurzfristig noch eingeladen werde.

Doch wider Erwarten kam sogar noch an diesem Abend die Zusage, dass ich zum Casting nach München eingeladen bin!

Am nächsten Tag war es so weit. Zum vereinbarten Termin war ich dann mit meinem Vater vor Ort. Wir und die anderen Talente wurden freundlich empfangen und in Gruppen eingeteilt!
Vocalcoaches machten einige Stimmaufwärmübungen mit uns! Zwei Songs sollten wir vorbereitet haben. Einen Song mit Halbplayback und einen mit eigener Klavierbegleitung.
Die erste Runde verlief gut und somit durfte ich mich auch noch in der zweiten Runde beweisen, bei der ich nochmal einen Song mit eigener Begleitung am Klavier präsentieren durfte.
Mir wurde dann gesagt, ich habe dieses Casting positiv

abgeschlossen, allerdings müsste ich mich gedulden, bis alle „Scoutings" in ganz Deutschland beendet sind.

Einige Wochen vergingen und oft hab ich schon gar nicht mehr daran gedacht, als dann im November doch noch ein Anruf aus Berlin kam! Ich wurde zu einem erneuten Casting eingeladen. Die Besten aus ca. 15.000 Bewerbern von Deutschland, Österreich und der Schweiz waren hier noch einmal vor Ort. Wir waren insgesamt 200 ausgewählte Talente und mussten uns in diesen sogenannten Final Preselections erneut beweisen und für die zur Verfügung stehenden 85 Plätze in den Blind Auditions quailifizieren. Aus einer vorab zugesandten Liste durfte ich 3 Songs auswählen, die ich vorbereiten und dann in Berlin präsentieren sollte. Die Songs mussten je aus den 3 Kategorien Ballade, Mid-Tempo und Up-Tempo gewählt werden. Ich performte einen Song am Piano, einen weiteren Song mit Gitarrenbegleitung durch einen Musiker der Band und einen Song mit Halbplaybackbegleitung. Zurück zu Hause war dann wieder Warten und Hoffen angesagt. Aber kurz vor Weihnachten 2013 kam die erfreuliche Meldung, dass ich zu den Blind Auditions eingeladen bin und somit auf der großen Fernsehbühne vorsingen darf. Mit dieser Einladung war auch ein etliche Seiten umfassendes Vertragswerk verbunden, das meine Eltern nach anwaltlicher Prüfung unterschreiben mussten. Da ja alle Teilnehmer noch unter 14 Jahren waren, kamen noch viele Auflagen im Sinne des Jugendarbeitsschutzgesetzes dazu.

Mitte Januar war es dann so weit, ich startete mit meinem Vater für 1,5 Wochen nach Berlin zu der Produktion der Blind Auditions. Den Song „Error" von Madeline Juno, den ich dann in der Show präsentiert habe, hatte ich 2 Wochen vorher durch die Musikredaktion zugewiesen bekommen. Die ersten Tage im Studio

Berlin bestanden aus Outfitauswahl, täglich 15 Minuten Vocalcoaching, Aufzeichnung der Interviews und zum Schluss einer Generalprobe mit der Live-Band auf der Showbühne.
Es ist schon ein mehr als aufregendes Gefühl, hinter der Bühne zu stehen, auf seinen Auftritt zu warten und gleichzeitig mitzubekommen, wer von den anderen Talenten weitergekommen ist, da wir ja über die Tage freundschaftlich eng zusammengerückt sind. Irgendwann war ich an der Reihe: Lampenfieber, Herzrasen ... raus auf die Bühne ... über 600 Besucher im Studio, Hunderte Lampen und Scheinwerfer, viele Kameras, die auf dich gerichtet sind und um dich herum schwenken, eine Top-Liveband, die darauf wartet zu starten, die 3 prominenten Coaches ein paar Meter entfernt, die Vorstellung, dass diesen Auftritt in Kürze zwischen 2,5 und 3 Millionen Fernsehzuschauer sehen werden ... aber ihr habt es ja alle dann im Fernsehen gesehen ... und trotz der mir anzumerkenden Aufregung hat sich Lena Meyer-Landrut als Coach für mich entschieden und hat den fürs Weiterkommen wichtigen Buzzer gedrückt.

Nach der ersten Riesenfreude kam aber im Kreis der Talente Wehmut auf, weil allen langsam bewusst wurde, dass viele von uns nicht weitergekommen sind. Von den 86 angetretenen Talenten in den Blind Auditions durften die Coaches lediglich 46 in ihre Teams aufnehmen. Nach weiteren kurzen Interviewaufzeichnungen und Fotoshootings traten wir wieder die Heimreise nach Ergolding an. Die Aufzeichnung der Battle-Shows startete bereits 1,5 Wochen später und zusammen mit meinem Vater machte ich mich wieder auf den Weg nach Berlin.

Am ersten Tag der Woche wurden von unserem Coach Lena die Battle-Paarungen eingeteilt und den Gruppen die ausgewählten

Songs mitgeteilt. Meine Gruppe bekam den Song „Unconditionally" von Katy Perry zugeteilt. Da wir nur 4 Tage Zeit hatten, den Auftritt einzustudieren, waren die kommenden Tage von viel Lern- und Probeaufwand mit den Vocalcoaches gekennzeichnet. Dieses Mal war die Aufregung erfreulicherweise nicht mehr so groß wie beim ersten Bühnenauftritt. Wir sahen uns nicht unbedingt als „Battle-Konkurrentinnen", sondern eher als gut harmonierende, stimmgewaltige Power-Girl-Band. Uns war ja vorab klar, dass zwei von uns schlichtweg nicht weiterkommen konnten. Darum war unser Hauptaugenmerk darauf gerichtet, eine Top-Performance und tolle Show abzuliefern. Ich denke, das ist uns mehr als gelungen und wir haben den Coaches die Entscheidung mit Sicherheit nicht einfach gemacht. Unser Coach Lena hat sich dafür entschieden, Selin mit ins Finale zu nehmen, und somit war die „aktive Phase" dieser Staffel für mich beendet. Weit gefehlt, wer denkt, ab diesem Zeitpunkt wäre schon alles vorbei gewesen. In den Osterferien waren alle Teilnehmer der Blind Auditions noch einmal für 3 Tage in den Freizeitpark Efteling in Holland eingeladen. Natürlich war auch hier wieder ein Kamerateam von Voice Kids mit vor Ort und es wurden mehrere Sequenzen abgedreht und aufgezeichnet. Der Nachbericht dieser erlebnisreichen Tage wurde im Finale ausgestrahlt.
Als Abschluss der laufenden Staffel wurden wir alle am

09. Mai noch einmal nach Berlin eingeladen, um der Live-Finalshow beizuwohnen. Es war ein irres Erlebnis ... man wurde schon beim Erreichen des Studiogeländes und des Foyers von vielen anwesenden Fans erkannt und kam mit den Foto- und Autogrammwünschen kaum hinterher.

Zum Format „The Voice Kids" kann ich folgendes Resumee ziehen: Wir waren wirklich bestens betreut, viele stille Mitarbeiter im Hintergrund, die im TV nie zu sehen sind. Das Team bestand aus vielen, vielen Crewmitgliedern, Kamerateams, Vocalcoaches, Musikredaktion, Redakteuren, Kinderpsychologen, die rund um die Uhr für uns da waren, und vielen mehr. Im Gegensatz zu anderen Formaten wird bei The Voice Kids kein Talent „in den medialen Schlamm gezogen", sondern auch bei einem Nichtweiterkommen ebenso positiv dargestellt wie alle anderen Teilnehmer. Ich empfehle dieses Format wirklich jedem, der sich für Musik begeistern kann und für sich selbst in realistischer Selbsteinschätzung überzeugt ist, dem geforderten Leistungsniveau zu entsprechen.

Ein frühzeitiges Ausscheiden sollte immer einkalkuliert werden, da das Niveau dieser Talente wirklich wahnsinnig hoch ist, und die Enttäuschung darüber sollte man nicht zu groß werden lassen.

Wer jetzt noch genauere Details wissen möchte, kann sich jederzeit auf meiner Homepage informieren: www.julia-dendl.de

Eure Julia (mit Hut) ***zwinker

Der Traum von der eigenen Band
Schüler als Musiker

Wie lerne ich andere Musiker kennen?
Um diesem Ziel näher zu kommen, solltet ihr euch als obersten Leitsatz dabei den folgenden einprägen: Wartet nie darauf, dass euch irgendwer anruft, sondern werdet selbst aktiv und nehmt die Dinge in die Hand.
Im Prinzip geht es darum, sich eine Art Netzwerk zu schaffen, und das braucht seine Zeit. Auch wer nicht selbst Unterricht an einer Musikschule oder bei einem Privatlehrer hat, kann in der Regel deren Kontakt- und Kommunikationsmöglichkeiten nutzen. Erste Anlaufstelle: die Musikschule. Hier gibt's ein breites Umfeld mit vielen Musikern oder auch bestehenden Bands in unterschiedlichen Stilrichtungen. Hier kommt ihr leicht an Kontakte mit Gleichgesinnten: Sprecht euren Instrumentallehrer oder die Lehrer der anderen Instrumente an.
Erkundigt euch nach den musikalischen Interessen der anderen Schüler, die ein Instrument erlernen: Gitarristen, Bassisten, Sänger, Klavierspieler, Keyboarder, Bläser.
Beteiligt euch an Vorspielen in der Musikschule, so könnt ihr andere auf euch aufmerksam machen. Macht Aushänge am Schwarzen Brett und erzählt jedem von eurem Vorhaben. Geht zu Proben verschiedener Bands. Durch das Zuhören könnt ihr nicht nur etwas lernen, sondern mit der Zeit auch jede Menge Kontakte knüpfen.
Letztendlich müsst ihr euch in die Szene begeben, in der die Musik, die euch interessiert, gemacht wird, und deren Plattform nutzen. Die Praxis zeigt, dass man auf diese Weise relativ schnell Gleichgesinnte zum Spielen in einer Band kennenlernt.

Welche Voraussetzungen sollte ich mitbringen?
Im Prinzip kann es eigentlich mit dem Musikmachen sofort losgehen, sobald der Drummer den ersten Groove und der Gitarrist zwei, drei Akkorde beherrscht. Meist ist es allerdings so, dass sich die angehenden Musiker schon einige Zeit mit ihrem Instrument beschäftigt haben. Das Ganze unter der Anleitung eines Lehrers oder auch eines erfahrenen Musikers zu starten, wäre natürlich optimal.
Die Musiker sollten sich vom spieltechnischen Niveau auf einem ähnlichen Level befinden. Anhaltspunkt dafür kann der Zeitraum sein, wie lange jemand schon sein Instrument spielt.
Die Anforderungen sind je nach Instrument unterschiedlich, so müsst ihr als Schlagzeuger beim Spielen von Rocksongs beispielsweise noch keine vertrackten Patterns beherrschen, einfache und geradeaus gespielte Grooves und Fills reichen erst einmal aus. Der Sänger sollte allerdings den Text beherrschen und die richtigen Töne treffen und der Gitarrist über basismäßige Akkordkenntnisse verfügen.

Sollten wir Titel nachspielen oder eigene Stücke schreiben?
Viele Musiker sind lange Zeit damit beschäftigt, ihre Vorbilder zu kopieren. Ein Grund dafür, warum gute Musiker zu wirklich hervorragenden Musikern werden, liegt darin, dass sie sich irgendwann darauf konzentrieren, was sie selbst spielen und musikalisch ausdrücken wollen, anstatt Profis zu kopieren. Natürlich wollen auch die meisten Bands mit der Zeit ihre eigenen Songs spielen. Davon abgesehen, dass das Covern guter Songs jede Menge Spaß machen kann, ist das Kopieren gerade zu Beginn der eigenen musikalischen Entwicklung sehr wichtig: Ihr erfahrt vieles über Songformen, den Aufbau von Titeln und ihre Interpretation.

Welche Stücke sollen wir spielen und wie bereitet man eine Probe vor?

Damit die erste Probe nicht frustrierend wird, solltet ihr euch auf die Musik vorbereiten. Nichts ist abtörnender, als im Proberaum zu sitzen und alle schauen sich fragend an: Was soll man denn nun spielen? Oder auch der Fall, dass alle Bandmitglieder ihren jeweiligen Part am Instrument spielen können, nur der Gitarrist hat seine Akkorde nicht drauf.

Vor den Proben sollte man sich also überlegen, an welchen Stücken und wie daran gearbeitet werden soll. Für den Anfang genügen ein oder zwei Songs, am besten einfache Songstrukturen, wie sie im Rock und Blues zu finden sind. Hier sind Gitarrist und Keyboarder gefragt, schließlich hängt es erst einmal von ihnen ab, welche Titel sich hinsichtlich ihrer Fähigkeiten beim Spielen von Akkorden und Melodien eignen.

Besorgt euch also die entsprechenden Noten – fragt hierzu etwa euren Lehrer oder organisiert euch eines der vielen Songbücher, die es heute zu kaufen gibt – und bereitet euch zu Hause so darauf vor, dass ihr euren Part am Instrument spielen könnt. Jedes Bandmitglied sollte außerdem eine Originalaufnahme der Titel bekommen und sich vorab zu Hause mit dem von ihm zu spielenden Part beschäftigen.

Nutzt für den ersten Einstieg das vielfältige Angebot an Songbooks, in denen sich nahezu jeder Musiktitel findet. Viele Titel könnt ihr mittlerweile auch aus dem Internet herunterladen. Mit der Zeit lernt ihr auch, die Grooves, Melodien und Akkorde eurer Lieblingsmusik selbst herauszuhören. Das Schreiben von Transkriptionen, also das Heraushören von Platten und das anschließende Aufschreiben trainiert ungemein euer musikalisches Gehör.

Diethard Stein

Ist Musik machen ...

„Typisch Jungs!"   „Nee, typisch Mädchen!"

Tausendmal gehört.
Aber stimmt das überhaupt?

Laurin, 11 Jahre
„Mädchen und Frauen machen leise Musik. Bei ihren Konzerten klatschen die Zuhörer erst, wenn das Lied vorbei ist. Jungs und Männer spielen gerne laut. Außerdem macht ihr Publikum schon während des Lieds Stimmung."

Mimo, 12 Jahre
„Jeder kann Musik machen. Ob eine Band aus Frauen und Mädchen besteht oder Jungs und Männer dabei sind, ist mir egal. Hauptsache, die Musik hört sich gut an. Cool klingen Schlagzeug und E-Gitarre. Die würde ich gerne spielen können."

Luka, 11 Jahre
„Für mich ist Musik ein bisschen mehr eine Jungssache. Wenn die Männer Musik machen, klingt das etwas schöner. Ich mag gern schnelle Lieder, wie Raps, zum Beispiel von Cro und Alligatoah. Rappen haben Jungs einfach besser drauf."

... Jungssache oder Mädchensache?

Protokolle: Frauke König

Clara, 11 Jahre
„Jungs und Männer können besser rocken – vor allem mit der Gitarre. Ich finde aber, Frauen haben schönere Stimmen. Bei ihnen passen Gesang und Musik besser zusammen. Sie spielen eher ruhige Instrumente wie Geige und Flöte."

Antonia, 10 Jahre
„Musik machen ist was für beide. Im Orchester musizieren Jungs und Mädchen ja gemeinsam. Das passt gut zusammen. Ich spiele Cello und Klavier. Cello übe ich jeden Tag. Denn ich will später Cellistin werden – wie meine Mama."

Aylin, 12 Jahre
„In meiner Klasse machen mehr Mädchen Musik als Jungs. Aber ich glaube, dass Jungs das genauso gut können. Am wichtigsten ist sowieso, dass man Spaß daran hat. Denn nur wenn man gerne Musik macht, klingt es auch gut!"

DIE FANTASTISCHEN VIER

Sie sind die Hip-Hop-Pioniere aus Stuttgart und in Würde gealtert. Sie waren weg, kamen wieder, erfanden sich mit viel Fantasie neu: Hier verraten Smudo, Michi Beck, Thomas D und And.Ypsilon, wer sie gemobbt und wer sie geliebt hat.

1. **SMUDO** ist heute Musiker, weil ... es sich so ergeben hat.
2. Wäre er nicht Musiker geworden, ... bliebe er Sprechsänger.
3. In der Schule war er ... nie mehr bemüht als nötig.
4. Seine Mitschüler haben ihn deshalb ... gerne eingeladen.
5. Mit 17 hat Smudo davon geträumt, ... dass er bald 18 wird.
6. Dass er Musiker werden will, wusste er, als ... er merkte, wie gut das bei den Mädchen ankommt.
7. Smudo war sich nie zu schade ... zu singen, würde aber nie ... Gesangsunterricht nehmen.
8. Smudo regt echt auf, dass ... die Leute „Pizzas" statt „Pizzen" sagen.
9. Der entscheidende Moment seiner Karriere war ... der erste Zug an einer Sportzigarette.
10. Smudo wäre gern mal für einen Tag ... seine eigene Tochter.
11. Der schönste Tag seines Lebens war ... der Tag mit Sonnenbrand und Fussbruchschmerzen und Kopfweh vom Vortag, als die Tramal auf den Rotwein zu reagieren begann.
12. Sein größter Fehler war ... ihm nicht bekannt.
13. Sich selbst findet er ... einen duften Typen.
14. Dem nächsten Smudo wünscht Smudo ...: „Weiter so."
15. Könnte er sein Leben noch einmal leben, dann ... würde er nicht Nein sagen.

1. **MICHI BECK** ist heute Musiker, weil ... Groß- und Außenhandelskaufmann seine einzige Option war.
2. Wäre er nicht Musiker geworden, ... wäre er, glaube ich, trotzdem nicht Groß- und Außenhandelskaufmann geworden.
3. In der Schule war er ... schlecht.
4. Seine Mitschüler haben ihn deshalb ... selten gesehen.
5. Mit 17 hat Michi Beck davon geträumt, ... dass er ein berühmter Rapper und DJ wird.
6. Dass er Musiker werden will, wusste er, als ... er mit 14 zusammen mit seinem Freund Edi die Band „The Catch" (Edi Drums, Michi Keyboard und Gesang) gegründet hat.
7. Michi Beck war sich nie zu schade ... zu singen, würde sich aber nie Sänger nennen.
8. Michi Beck regt echt auf, dass ... er nicht singen kann.
9. Der entscheidende Moment seiner Karriere war ... die „HipHop Party Nr. 2" im Jugendhaus Stuttgart Degerloch, 1987, als er Thomas D und And.Y getroffen hat.
10. Michi Beck wäre gern mal für einen Tag ... im Weltall.
11. Der schönste Tag seines Lebens war, ... als seine Tochter geboren wurde.
12. Sein größter Fehler war ... die erste große Investition mit der Bandkohle.
13. Sich selbst findet er ... ganz ok.
14. Dem nächsten Michi Beck wünscht Michi Beck ... alles Gute!
15. Könnte er sein Leben noch einmal leben, dann ... mit noch mehr Rock 'n' Roll.

1. **THOMAS D** ist heute Musiker, weil ... das mit dem Friseur ihn irgendwie nicht ganz erfüllte.
2. Wäre er nicht Musiker geworden, ... hätte er 'ne anständige Drogenkarriere hingelegt.
3. In der Schule war er ... immer „Real".
4. Seine Mitschüler haben ihn deshalb ... Realschüler genannt.
5. Mit 17 hat Thomas D davon geträumt, ... dass er die Welt rettet.
6. Dass er Musiker werden will, wusste er, als ... er es bereits war, immer noch nicht.
7. Thomas D war sich nie zu schade ... alles zu geben, würde aber nie ... behaupten, etwas Besonderes zu sein.
8. Thomas D regt echt auf, dass ... er nicht zaubern kann.
9. Der entscheidende Moment seiner Karriere war ... 1500 Fans vorm Schwimmbad Club Heidelberg, wo 300 reinpassen, die auch schon drin waren.
10. Thomas D wäre gern mal für einen Tag ... Jay-Z.
11. Der schönste Tag seines Lebens war ... ein ganz normaler, als er noch nicht wusste, was ihn alles erwartete.
12. Sein größter Fehler war, ... nicht immer auf sein Herz zu hören.
13. Sich selbst findet er ... manchmal zu geil für diese Welt.
14. Dem nächsten Thomas D wünscht Thomas D ... alles, was er sich wünscht.
15. Könnte er sein Leben noch einmal leben, dann ... aber hallo!

1. **AND.YPSILON** ist heute Musiker, weil ... er elektronische Klänge im Allgemeinen und Bassdrums im Speziellen liebt.
2. Wäre er nicht Musiker geworden, ... wäre er wohl Ingenieur geworden. Er hat fünf Semester Technische Informatik an der FH in Esslingen studiert (wenn man das Urlaubssemester mitzählt), das Studium aber wegen seiner beginnenden Musikkarriere aufgegeben.
3. In der Schule war er ... streckenweise ein Außenseiter.
4. Seine Mitschüler haben ihn deshalb ... gemobbt und geliebt.
5. Mit 17 hat And.Ypsilon davon geträumt, ... dass er superschnelle Computer programmieren würde.
6. Dass er Musiker werden will, wusste er, als ... er mit Smudo zusammen das Terminal Team gegründet hat (den direkten Vorläufer der Fantastischen Vier).
7. And.Ypsilon war sich nie zu schade ... hart zu arbeiten, würde aber nie ... einer geregelten Arbeit nachgehen.
8. And.Ypsilon regt echt auf, dass ... er immer unter Zeitdruck gerät, egal wie gut die Planung ist.
9. Der entscheidende Moment seiner Karriere war ..., als er Michi Beck getroffen hat.
10. And.Ypsilon wäre gern mal für einen Tag ... tot.
11. Der schönste Tag seines Lebens war, ... als seine Kinder geboren wurden.
12. Sein größter Fehler war, ... nicht immer an seine eigene Wahrheit geglaubt zu haben.
13. Sich selbst findet er ... ok.
14. Dem nächsten And.Ypsilon wünscht And.Ypsilon ... eine gute Reise.
15. Könnte er sein Leben noch einmal leben, dann ... genau so.

Ludwig van Beethoven
(1770–1827)

„Fürsten gibt es viele, aber Beethoven gibt es nur einen!" Das hat Ludwig van Beethoven laut und deutlich gesagt, obwohl er auf die Großzügigkeit und finanzielle Unterstützung der Fürsten angewiesen war.

Die Musik wurde Beethoven sozusagen in die Wiege gelegt. Sein Großvater väterlicherseits war kurfürstlicher Hofkapellmeister in Bonn; sein Vater war Sänger und Musiklehrer. Er brachte es allerdings nicht weit, weil er häufig betrunken war.

Als er merkte, dass Ludwig musikalisches Talent hatte, wollte er aus ihm ein „Wunderkind" wie Mozart machen, und zwar mit allen Mitteln. Dabei ging es dem Vater nicht darum, die kreative Seite seines Sohnes zu fördern; es kam ihm vor allem darauf an, dass Ludwig die Noten möglichst bald richtig vom Blatt spielen konnte, um ihn auftreten lassen zu können. Also musste er üben, üben, üben. Wenn der strenge Vater mit den Fortschritten seines

Sohnes nicht zufrieden war, schlug er ihn; da er selten zufrieden war, bekam Ludwig häufig Schläge.

Mit sieben Jahren gab Ludwig in Köln sein erstes öffentliches Klavierkonzert. Mit elf Jahren nahm der Vater ihn von der Schule, weshalb seine allgemeine Bildung nur gering war. Der Vater wollte unbedingt, dass Ludwig seine ganze Kraft für die Musik verwendete. Von nun an wurde er auch vom Komponisten und Hofkapellmeister Christian Gottlob Neefe unterrichtet. Schon ein Jahr später war Ludwig Mitglied der Bonner Hofkapelle und stellvertretender Organist. In dieser Zeit komponierte er auch seine ersten Stücke.

Als Beethoven 16 war, setzte Neefe sich beim Kurfürsten dafür ein, dass er nach Wien reisen sollte, um bei Mozart Unterricht zu nehmen. Der Kurfürst war einverstanden und finanzierte die Reise. Ob sich die beiden Musiker getroffen haben, ist bis heute nicht erwiesen. Weil Beethovens Mutter schwer erkrankte, reiste er vorzeitig nach Bonn zurück.

1792 unternahm er eine zweite Reise nach Wien, um Schüler von Joseph Haydn (1732–1809) zu werden – Mozart war kurz zuvor gestorben. Beethoven wollte zwar lernen, aber er war kein einfacher Schüler; dazu war er viel zu eigenwillig und selbstbewusst.

Im März 1795 trat er – gegen Haydns Willen – erstmals mit eigenen Kompositionen als Pianist an die Wiener Öffentlichkeit. Besonders beeindruckt waren die Zuhörer von Beethovens Fähigkeit zum frei improvisierten Spiel. Schon bald war sein Name in aller Munde. Er wurde immer öfter zu Konzerten eingeladen und verdiente so gut, dass er als „freier Künstler" leben konnte.
Dann begann etwas, was für jeden Menschen schlimm ist, für einen Musiker aber furchtbar sein muss: Die Hörfähigkeit ließ nach. Als es immer schlimmer wurde und ihm kein Arzt helfen konnte, dachte Beethoven an Selbstmord. Doch er überwand die Lebenskrise und komponierte weiter! Seine Spätwerke, darunter die berühmte 9. Sinfonie, konnte er selbst nicht mehr hören. Beethovens Musik war so neu, dass sie die Zeit überdauerte und noch heute neu wirkt. Sie wird überall in der Welt gespielt.
Als er am 29. März 1827 in Wien zu Grabe getragen wurde, sollen 20.000 Menschen seinem Sarg gefolgt sein.

Manfred Mai

„Mein Papa ist berühmt"

Jez ist 13 Jahre alt und Sohn eines bekannten Musikers. Trotzdem findet er seine Familie ganz normal.

Jez' Papa

Die Toten Hosen sind eine der erfolgreichsten deutschen Bands. Sie spielen Rockmusik und singen auf Deutsch. Gegründet wurde die Band 1982 in Düsseldorf. Jez' Papa heißt Vom Ritchie und ist seit 1998 ihr Schlagzeuger.

Mein Vater ist von Beruf Schlagzeuger der Band „Die Toten Hosen". Eigentlich finde ich das total gut, aber manchmal ist es auch schwierig für mich. Es gibt Kinder, die verstehen nicht, dass Schlagzeugersein wirklich ein Beruf ist. Andere denken, ich würde

Jez will später selbst eine Band gründen und berühmt werden.

lügen, wenn ich von meinem Vater erzähle. In der Grundschule habe ich es erlebt, dass Mitschüler so getan haben, als seien sie meine besten Freunde. Dabei wollten die eigentlich nur Autogramme von den „Toten Hosen" haben. Und als sie dann ihre Unterschriften hatten, waren sie plötzlich total fies zu mir und haben mich ständig geärgert. Deswegen erzähle ich fremden Kindern am Anfang nichts von meinem Vater. Zuerst will ich sehen, ob sie mich auch ohne berühmten Papa mögen.

Jetzt spielt es in der Schule zum Glück keine Rolle mehr, wer mein Vater ist. Mittlerweile gehe ich in die achte Klasse, und meine Mitschüler wissen, dass ich zu Konzerten nur meine besten Freunde mitnehme und es blöd finde, Autogramme von meinem Papa zu verteilen.

Zu Hause sind wir eine ganz normale Familie: meine Mutter, mein Vater und ich. Über die Band reden wir fast nie.
Natürlich freue ich mich, wenn ich ein Video von den „Toten Hosen" im Fernsehen sehe – dann bin ich auch stolz auf meinen Vater. Das Coolste ist, dass er viele

andere Musiker persönlich kennt und mich mit zu ihren Konzerten nimmt.

Wenn er lange auf Tour ist, vermisse ich ihn sehr. Meine Mutter versucht dann, mich abzulenken und besonders tolle Sachen mit mir zu unternehmen. Wenn ich Ferien habe und mein Papa Konzerte in Deutschland spielt, fahre ich hin und helfe mit. Vor einem Konzert gibt es unglaublich viel zu tun. Das Auspacken, Aufbauen und Verkabeln der Instrumente dauert ewig. Die Gitarristen haben zum Beispiel nicht jeder nur eine Gitarre dabei, sondern fünf oder sechs. Und die müssen alle perfekt gestimmt sein. Ich helfe am liebsten beim T-Shirt-Verkaufen. Das macht Spaß, weil man dabei viele lustige Leute kennenlernt.

Auch wenn ich jetzt schon auf so vielen Konzerten war, ist es jedes Mal toll und wird nie langweilig.

Später will ich selbst in einer Band spielen, als Gitarrist. Meine Mutter bringt mir das Gitarrespielen bei, sie hat vor meiner Geburt auch in einer Band gespielt. Zwei Freunde von mir spielen Bass und Gitarre. Wenn wir uns treffen, machen wir oft zusammen Musik – und mein Papa muss dann Schlagzeug dazu spielen.

Ich hoffe sehr, dass es mit meiner eigenen Band später klappt und dass wir auch berühmt werden. Bis dahin kann ich meinem Papa und den „Toten Hosen" ja noch ein bisschen über die Schulter schauen.

Protokoll: Mariella Tripke

Wir brauchen Bass!

Was macht eigentlich ein DJ?
Leander, Carlo und Jonas lernen es.

Text: Magdalena Hamm
Fotos: Olaf Tamm

Freitagnachmittag in einer Musikschule in Hamburg. Durch eine der Türen dringt Hip-Hop-Musik auf den Gang. Man hört eine Melodie, Bässe und immer wieder den Sprechgesang: „One, two, three, four: bass in your face!"
Es klingt, als würde hier einfach ein fertiges Lied abgespielt, dabei stehen hinter der Tür drei Jungs an vier Schallplattenspielern und setzen die Musik ganz frisch zusammen. Leander, 12 Jahre, kümmert sich um die Melodie: Er springt zwischen zwei Plattenspielern hin und her und lässt die Platten immer abwechselnd laufen. Carlo, 11 Jahre, fügt den Gesang „One, two, three, four" von einer anderen Platte hinzu. Und Jonas,

11 Jahre, lässt im richtigen Moment das „bass in your face" erklingen. Die Jungs gucken konzentriert, drehen mit geübten Händen die Platten auf den Tellern und wippen im Takt mit.

Leander, Carlo und Jonas machen seit ein paar Monaten einen DJ-Kurs, sie lernen das DJing, also wie man Musik auflegt, Songs ineinandermischt und scratcht.
„Das Scratching macht am meisten Spaß", sagt Carlo und macht es gleich mal vor: Er legt seine Fingerspitzen auf die Platte und bewegt sie ganz schnell hin und her. Die quietschenden Töne, die dabei entstehen, ergeben eine richtige Melodie.
Auf die Idee, einen DJ-Kurs zu machen, kamen die Jungs, weil sie gern elektronische Musik hören. „Hey Brother" von Avicii zum Beispiel oder „Animals" von Martin Garrix. Diese beiden berühmten DJs komponieren ihre Musik am Computer, und auch wenn sie auf Konzerten oder in Diskotheken auflegen, stehen sie eher nicht am Plattenspieler, sondern benutzen Laptops und Controller. Das sind digitale Mischpulte mit Dutzenden Knöpfchen und zwei kleinen drehbaren Scheiben, die die Plattenteller ersetzen.
„Elektronische Musik ist ganz schön schnell", sagt Jonas. „Für DJ-Anfänger ist es deshalb einfacher, erst mal mit Hip-Hop zu üben." Später können die Jungs die Musikrichtung ändern und sich am digitalen Mischpult versuchen. Aber Jan-Ole Fischer, der Musiklehrer, findet, dass jeder DJ erst mal wissen muss, wie man mit einem Plattenspieler umgeht, schließlich fing damit alles an.

Denn DJ ist die Abkürzung für Discjockey. Ursprünglich war damit der Mann im Radio gemeint, der die Musik abspielte. Und die kam früher eben von der Schallplatte, im Englischen „disc" genannt. Das Wort „jockey" bedeutet eigentlich Reiter, das Verb „to jockey" kann man aber auch mit „lenken" übersetzen. Der Radio-Discjockey lenkte die Musik, indem er Platten auswählte und sie nacheinander auf den Plattenspieler legte. Das ist auch heute noch die Hauptaufgabe von DJs, die auf Partys auflegen: Sie müssen sich mit Musik auskennen, gute Stücke auswählen und spüren, was das Publikum zum Tanzen bringt.

Vielen DJs reichte es irgendwann nicht mehr, nur Lieder von anderen Künstlern aufzulegen, sie wollten eigene Musik machen. In den 1970er-Jahren fingen amerikanische Hip-Hop-Musiker damit an, den Plattenspieler nicht mehr nur als Abspielgerät zu benutzen, sondern als Musikinstrument, mit dem man neue Töne erzeugt. Sie erfanden nicht nur das Scratchen, sondern auch das Mixen, bei dem zwei Plattenspieler gleichzeitig laufen und die Musik neu zusammengemischt wird.

Um Songs zu mixen, braucht man ein gutes Gehör. Man muss den Takt eines Liedes mitzählen können, damit man im richtigen Augenblick das zweite Stück hineinmischen oder Effekte wie das Scratching hinzufügen kann. Liegt man im Takt daneben, klingt es sofort blöd.
Carlo hatte fünf Jahre lang Schlagzeugunterricht, bevor er mit dem DJing anfing, Leander und Jonas haben beide lange Keyboard gespielt. Musikalisch sind die Jungs also. Aber an die Technik mussten sie sich erst gewöhnen. Einen

Leander, Carlo und Jonas machen einen DJ-Kurs.

Plattenspieler hat keiner von ihnen zu Hause. Und dann ist da ja noch der Mixer: ein kleines Mischpult mit Drehknöpfen und Schiebereglern. Mit denen kann man die Musik in verschiedene Tonhöhen zerlegen, zum Beispiel in Bässe und Melodie, die Lautstärke verändern und „faden" – also von einem Lied ins nächste überblenden. „DJing ist ganz anders, als ein Instrument zu lernen", sagt Carlo, „man benutzt ja Musik, die es schon gibt, und macht was Neues draus." Carlo kann sich gut vorstellen, später als DJ sein Geld zu verdienen. Jonas und Leander sehen das DJing eher als ein sehr cooles Hobby. „Es macht einfach total Spaß", sagt Jonas, „ich kann nur jedem heftig empfehlen, es auszuprobieren!"

In der Hit-Fabrik

Warum finden wir Popstars toll? Na, weil sie so gute Musik machen! Doch die meisten schreiben ihre Lieder gar nicht selbst. Dafür haben sie viele Helfer.

Text: Andrea Halter und Philip Stegers

Für Rihanna wurde das Lied „We can't stop" komponiert. Weil sie es nicht mochte, singt es jetzt Miley Cirus – und landete damit in den Charts.

Wie jetzt? Stars wie Justin Bieber, Beyoncé und Selena Gomez schreiben ihre Songs gar nicht selbst? Sie komponieren weder die Melodien, noch suchen sie nach den richtigen Worten für ihre Texte? Das klingt erst einmal komisch. Aber überleg mal, Schauspieler wie Robert Pattinson und Kristen Stewart denken sich die Handlung eines Films ja auch nicht selbst aus, genauso wenig wie das, was sie dann sagen. Popstars haben oft viele Helfer: Leute, die sich um ihr Aussehen kümmern; jemanden, der all die Briefe von Fans beantwortet, und eben auch Unterstützung bei der Musik: Das sind die Songwriter.

Ein Songwriter komponiert und textet Lieder. Häufig legt er erst mal los, ohne genau zu wissen, wer das Lied später einmal singen soll. Ist eine Melodie gefunden und auch ein passender Text, nimmt er alles auf und schickt das Stück an eine Plattenfirma. Dort landet das Lied dann oft in der Schublade, bis ein passender Künstler gefunden ist.

Britney Spears lässt ihre Lieder immer von unterschiedlichen Songwritern komponieren.

Einige Sänger mögen keine fertigen Stücke aus der Schublade und arbeiten deshalb lieber von Anfang an mit einem Songwriter zusammen. Sie treffen sich und quatschen erst mal lange. Der Künstler erzählt von seinen Ideen, Gedanken und Gefühlen, und der Songwriter versucht herauszufinden, was für eine Art Lied zu dem Künstler passen könnte. Danach schreibt er – allein oder mit dem Künstler zusammen – zum Beispiel eine traurige Ballade oder einen gut gelaunten Partykracher.

Damit sie möglichst viele Hits haben, arbeiten Stars wie Justin Bieber und Selena Gomez nicht nur mit einem einzigen Songwriter zusammen, sondern beschäftigen gleich mehrere Teams. So ein Team besteht aus Spezialisten im Lieder-Erfinden, jeder hat eine andere Aufgabe: Die Produzenten sind für die Musik zuständig. Sie komponieren ein Instrumentalstück. Für den Text und den Gesang sind die sogenannten Top-Liner da. Das sind Sängerinnen und Sänger mit einem besonderen Gespür für Ohrwürmer. Sie erfinden den Text und die Melodie und singen eine erste Version des Liedes ein. Manchmal geben Produzenten

Ester Dean ist eine der besten Hit-Schreiberinnen in den USA. Jetzt will sie mit eigenen Liedern auf die Bühne.

ihr Stück auch an mehrere Top-Liner. Aus den unterschiedlichen Vorschlägen wählen sie anschließend ihren Favoriten aus.

Eine der gefragtesten

Top-Linerinnen ist derzeit Ester Dean. Sie ist 27 Jahre alt, lebt in Los Angeles und wurde auf einem Konzert im Publikum entdeckt. Ein Musikproduzent hörte sie mitsingen und war von ihrer Stimme begeistert. Sie hat an Liedern von David Guetta, Selena Gomez, Britney Spears, Beyoncé und Rihanna mitgearbeitet, darunter weltweite Nummer-eins-Hits.

Wenn Ester weiß, dass ein Lied für Rihanna gedacht ist, schlüpft sie wie eine Schauspielerin in deren Rolle. Sie singt im Stil von Rihanna und versucht, einen Text zu finden, der zu ihr passt. Wenn Rihanna das Lied gefällt, kommt es möglicherweise auf das nächste Album. Es kann aber auch sein, dass Rihanna noch eigene Ideen hat. Dann muss Ester die einarbeiten. Vielleicht landet der Song sogar noch mal

Justin Biebers Songs schaffen es fast immer in die Charts. Allein geschrieben hat er die Lieder nicht.

bei einem anderen Top-Liner, damit der zum Beispiel eine neue Strophe für das Lied schreibt. Das Sprichwort „Viele Köche verderben den Brei" gilt wohl nicht, wenn es darum geht, einen Hit zu fabrizieren.

Songwriter, Produzent, Top-

Liner: Wer an einem Lied mitgeschrieben hat, verdient eine Menge Geld. Eine Nummer eins in den amerikanischen Charts kann dem Songwriter-Team eine halbe Million Euro oder mehr einbringen. Denn immer, wenn ein Lied irgendwo auf der Welt im Radio oder Fernsehen läuft, verdienen die Songwriter damit Geld, sogenannte Tantiemen, und das jahrzehntelang.

GEMA-Geld aus dem Radio
So verdienen Popmusiker dazu

Popmusiker bekommen für Auftritte eine Gage und vom Verkauf ihrer CDs einen Anteil, die Tantiemen. Außerdem erhalten sie Geld über Verwertungsgesellschaften, wie zum Beispiel in Deutschland die GEMA („Gesellschaft für musikalische Aufführungs- und mechanische Vervielfältigungsrechte"). Alle Komponisten und Texter können Mitglieder werden. Jedes Mal, wenn Lieder öffentlich aufgeführt oder vervielfältigt werden, zieht die GEMA Gebühren ein und reicht das Geld an ihre Mitglieder weiter. Bezahlen müssen Radiosender und Konzertveranstalter, Gebühren fallen aber auch bei der CD-Produktion an oder wenn MP3-Portale im Internet Songs zum Download anbieten. GEMA-Mitglieder, denen das zugutekommt, sind meist sehr populäre Musiker, aber auch Künstler, die nicht ganz so erfolgreich sind. Für sie ist das meist wenige Geld, das die GEMA auszahlt, als zusätzliche Einnahmequelle wichtig.

•••• Pop-Superstar Madonna ist mit einem Vermögen von etwa 1,1 Milliarden US-Dollar die reichste Künstlerin der Welt.

•••• Ein Jingle ist eine kurze, prägnante Melodie, die zur Untermalung von Radio-, Film- und TV-Werbespots eingesetzt wird. Für Musiker sind Jingles ein guter Nebenverdienst.

Textquellenverzeichnis

S. 74–75	Was du schon immer über Popmusik wissen wolltest © Michael Fuchs-Gamböck, Thorsten Schatz
S. 76–77	Hier spielt die Musik © Dein Spiegel (4/2014)
S. 78–81	Ein Instrument für jeden © Dein Spiegel (4/2014)
S. 82–84	Ganz viel Krach © Dein Spiegel (4/2014)
S. 85	Top 100 Alben Charts.de by mediacontrol (2015) © media control GmbH Baden-Baden
S. 86–87	Deichkind So´ne Musik, Musik und Text: Writers: Sebastian Duerre, Philipp Gruetering, Christian Hartmann, Roland Knauf, Sascha Reimann © Edition Tiergarten
S. 88–89	Was du schon immer über Popmusik wissen wolltest © Michael Fuchs-Gamböck, Thorsten Schatz
S. 90	Deutschsprachige Alben in den Charts seit 1970 © pictures press
S. 91–96	The Voice Kids © Julia Dendl
S. 97–99	Der Traum von der eigenen Band © mail@diethard-stein.de
S. 100–101	Ist Musik machen ... © Zeitverlag Gerd Bucerius GmbH &Co. KG
S. 102–105	Die Fantastischen Vier © Spiegel online (2011)
S. 106–108	Ludwig van Beethoven © Tulipan Verlag GmbH
S. 109–111	„Mein Papa ist berühmt" © Zeitverlag Gerd Bucerius GmbH & Co. KG
S. 112–115	Wir brauchen Bass! © Zeitverlag Gerd Bucerius GmbH & Co. KG
S. 116–119	In der Hit-Fabrik © Zeitverlag Gerd Bucerius GmbH & Co. KG

Bildquellenverzeichnis

S. 73	Cartoon © Uli Stein / Catprint Media GmbH
S. 77	Junge mit Instrument © Axel Martens / Dein Spiegel
S. 78–81	Saxofon, Gitarre, Klarinette, E-Bass, Bluegrass Banjo, Cello © WIKIPEDIA.org; Keyboard © Senolyman – Fotolia.com; Blockflöte © venusangel – Fotolia.com; Ziehharmonika © Klaus Eppele – Fotolia.com; Harfe © denishutter – Fotolia.com; Waldhorn © dvs71 – Fotolia.com; Schlagzeug © mauritius images / Alamy
S. 85	Top 100 Alben © media control GmbH, Baden-Baden
S. 86–87	Deichkind So´ne Musik, Musik und Text: Writers: Sebastian Duerre, Philipp Gruetering, Christian Hartmann, Roland Knauf, Sascha Reimann © Edition Tiergarten
S. 90	Deutschsprachige Alben in den Charts seit 1970 © pictures press
S. 92/95/96	Julia Dendl © SAT.1 / Andre Kowalski
S. 106	Illustration von Beethoven, Kennst du die? © Tulipan Verlag GmbH, München
S. 109	DIE TOTEN HOSEN © SLAVICA / JKP Jochens Kleine Plattenfirma GmbH & Co. KG
S. 110	Meg´n Jez © redaktion@viernheim24.de
S. 112/115	Jungen am Plattenteller, DJs © foto@olaftamm.de
S. 116–118	Britney Spears, Rihanna, Justin Bieber, Ester Dean © Corbis images

Lesetraining

Du kannst deine Lesetechnik durch regelmäßiges Training verbessern. Damit lernst du flüssig und gut zu lesen. Außerdem verstehst du besser, was du liest. Dazu trainierst du deine Augen mit den folgenden Übungen. Du übst dabei, deine Augen sicher über den Text zu bewegen, Buchstaben, Wörter und Sätze schnell zu erkennen und den Inhalt des Textes richtig zu verstehen. Wiederhole jede Übung mehrmals.
Viel Spaß dabei!

1. Um die Sätze flüssig lesen zu können, musst du mit den Augen schnell hin und her springen. Wiederhole die Übung mehrmals und lies laut.

Das hätte mir gerade noch gefehlt. Mein erster Tag an der neuen Schule und meine Oma bringt mich an der Hand bis zum Klassenzimmer.

„Hast du ———————————————————— alles?"
„Ja, ———————————————————— Oma."
„Einen ———————————————————— Apfel?"
„Du weißt, du brauchst ———————————— Vitamine."
„Ja, ———————————————————— Oma."
„Deine ———————————————————— Turnschuhe?"
„Ja, ———————————————————— Oma."
„Aber das heißt heute nicht mehr ——————— Turnschuhe.
Das sind ———————————————————— Sneakers."
„Ihr immer mit eurer ———————————— Jugendsprache."
„Das ist keine ———————————————— Jugendsprache.
Das ist ———————————————————— Englisch, Oma."
„Müsste es dann nicht eigentlich ———————— Turnshoes heißen?"

(aus Kapitel 1, S. 7)

2. Um die Sätze flüssig lesen zu können, musst du mit den Augen schnell hin und her springen. Wiederhole die Übung mehrmals und lies laut.

Oma sagt: „Sei nett zu allen, dann findest du auch ganz schnell neue Freunde."

Als ob das so ―――――――――――― einfach wäre.
Da ist man kurz mal ―――――――――― nett zu allen und schon hat man ―――――――― einen Haufen neuer Freunde.
Oma hat echt keine ―――――――――――― Ahnung.
Das ist doch viel ―――――――――――― schwieriger.
Neue Freunde findet man nicht einfach so, ――――― nur weil man nett ist.
So was muss sich ―――――――――――― entwickeln.
Das kann Wochen dauern. Manchmal sogar ――――― Monate.
Und eigentlich will ich ja ―――――― gar keine neuen Freunde.
Ich will viel lieber meine alten ―――――― Freunde zurück.

(aus Kapitel 1, S. 8)

3. Folge mit den Augen der Schrift. Lies den Text mehrmals laut.

„Ja, Oma", sage ich und öffne die Tür der alten Klapperkiste. Nein, damit meine ich natürlich nicht meine Oma, sondern ihr Auto.

Dieser Schrotthaufen ist mindestens doppelt so alt wie ich. Das soll mal ein GOLF gewesen sein. Wahrscheinlich vor der letzten Eiszeit. Das Ding quietscht und scheppert sogar, wenn es nur an der Ampel steht. Oberpeinlich.

(aus Kapitel 1, S. 8/9)

4. Hier ist der untere Teil der Schrift abgeschnitten. Lies den Text zuerst leise und danach mehrmals laut.

Als ich das Schulgebäude betrete, versuche ich den Weg zu meinem Klassenzimmer zu finden.

Ich war zwar vor einer Woche schon einmal mit Mama hier, aber da war alles leer. Jetzt wuseln überall Jungs und Mädchen herum. Und ich könnte wetten, sie starren mich alle an. Nicht offensichtlich, aber aus den Augenwinkeln. Was ist denn das für einer?, denken sie. Den habe ich ja noch nie gesehen. Ein Fremder. Wo der wohl herkommt? Sieht seltsam aus. Bestimmt ein Alien. Genau so fühlt sich das gerade an. Ich bin ein Alien auf einem fremden Planeten. Ein Alien, der den richtigen Weg nicht findet.

(aus Kapitel 2, S. 11)

5. Im Buchstabenrätsel sind 12 Vornamen von Figuren aus dem Buch versteckt. Finde sie und markiere sie mit einem Holzfarbstift.

A	P	E	T	E	R	O	T	E	O	R	E	H	J	I	O
D	F	N	B	A	S	T	I	B	S	I	M	O	N	L	K
Q	M	E	S	S	I	P	M	T	M	R	A	I	I	P	W
A	A	D	H	E	Z	Z	O	C	H	A	R	L	L	H	Q
S	X	F	T	W	U	A	A	N	N	E	K	S	S	E	A
D	D	G	G	Q	I	L	N	M	H	Z	U	B	O	I	E
F	N	I	K	L	A	S	D	I	P	I	S	Y	N	D	X
G	Y	J	F	R	A	P	I	I	S	K	A	P	L	E	L

waagerecht: Peter, Basti, Simon, Messi, Anne, Niklas
senkrecht: Max, Timo, Andi, Markus, Nils, Heide

125

6. Hier musst du die Wortgrenzen erkennen, um den Text flüssig zu lesen. Lies halblaut. Tipp: Fällt es dir schwer, dann markiere die Wortgrenzen mit Bleistift.

Der Lehrer sieht mich fragend an. „Ach ja", sagt er. „Du musst der Neue sein." Ich nicke.

DerLehrerschiebtmichvorsich,sodassichalleinvordergesamten Klassestehe.Mist,verdammter.Mussdassein?Ichsprechenicht gernvorsovielenLeuten.Dasmachtmichimmernervös.Undnervösbin ichheutesowiesoschon.Alsowerdeichsupernervös.Undwennich supernervösbin,funktioniertmeinGehirnnichtmehrrichtig.Dann vergesseichdieeinfachstenSachen.MeinenNamenzumBeispiel.

(aus Kapitel 3, S. 16)

7. Hier sind Teile einzelner Wörter ausradiert. Lies den Text zuerst leise und danach mehrmals laut.

Ansonsten habe ich mich hier einigermaßen eingelebt. Ich finde mein Klassenzimmer inzwischen ohne Probleme.

Und obwohl ich Angst hatte, im Hamburger Unterricht vielleicht nicht gut mitzukommen, fällt mir das gar nicht schwer. In den meisten Fächern bin ich auf dem gleichen Wissensstand, in manchen sogar schon einen Schritt weiter. Um meine Noten muss ich mir also keine Sorgen machen. Im Gegenteil. Da ich hier offenbar keine Freunde finde, werde ich wahrscheinlich aus lauter Langeweile zum Oberstreber. Und dann habe ich erst recht keine Freunde. Denn Streber kann von Natur aus niemand leiden – es ist ein Teufelskreis. Dieser Trottel Andi würde sich bestimmt darüber freuen. Dann könnte er noch mehr Witze über mich machen.

(aus Kapitel 5, S. 30)

8. Satz-Wirrwarr: Lies jeden Satz mehrmals laut. Folge mit den Augen genau der Satzrichtung.

Wir haben in Sport wieder Fußball gespielt. Und ich wurde wieder als Letzter in die Mannschaft gewählt und ins Tor gestellt. Aber nicht mit mir, habe ich mir gedacht.

Diesmal zeige ich euch, warum ich nicht ins Tor gehöre, sondern in den Sturm.

Nach einem sehr schlechten Rückpass habe ich mir den Ball am Sechzehner geschnappt und bin einfach losgestürmt.

Hab den Ersten umdribbelt, den Zweiten umdribbelt, und schon war ich an der Mittellinie.

Da stand Andi mit einem Übersteiger lässig ausgespielt habe, als ich ihn und hat ziemlich blöd geguckt,

Er ist mir hinterhergesprintet. Hat versucht, mir von hinten in die Beine zu grätschen. Aber er war viel zu langsam.

(aus Kapitel 6, S. 35/36)

Buch+
Zack und die Sache mit Benni (Band 2)
Christian Tielmann
Illustriert von Annabelle von Sperber
Texte zum Thema Mobbing, echte Freunde und mehr
Hrsg. von Ulrike Schuldes

128 Seiten
vierfarbig
Bestellnummer 540-22   ISBN 978-3-619-05422-0
Mildenberger Verlag
www.mildenberger-verlag.de